芝居小屋から

武田政子の博多演劇史

狩野啓子
岩井眞實 編

海鳥社

本扉写真・昭和四年、関西大歌舞伎一座の公演で、大博劇場の招き看板とその筆者・茨木市之助

昭和18年、32歳の著者

晩年の著者

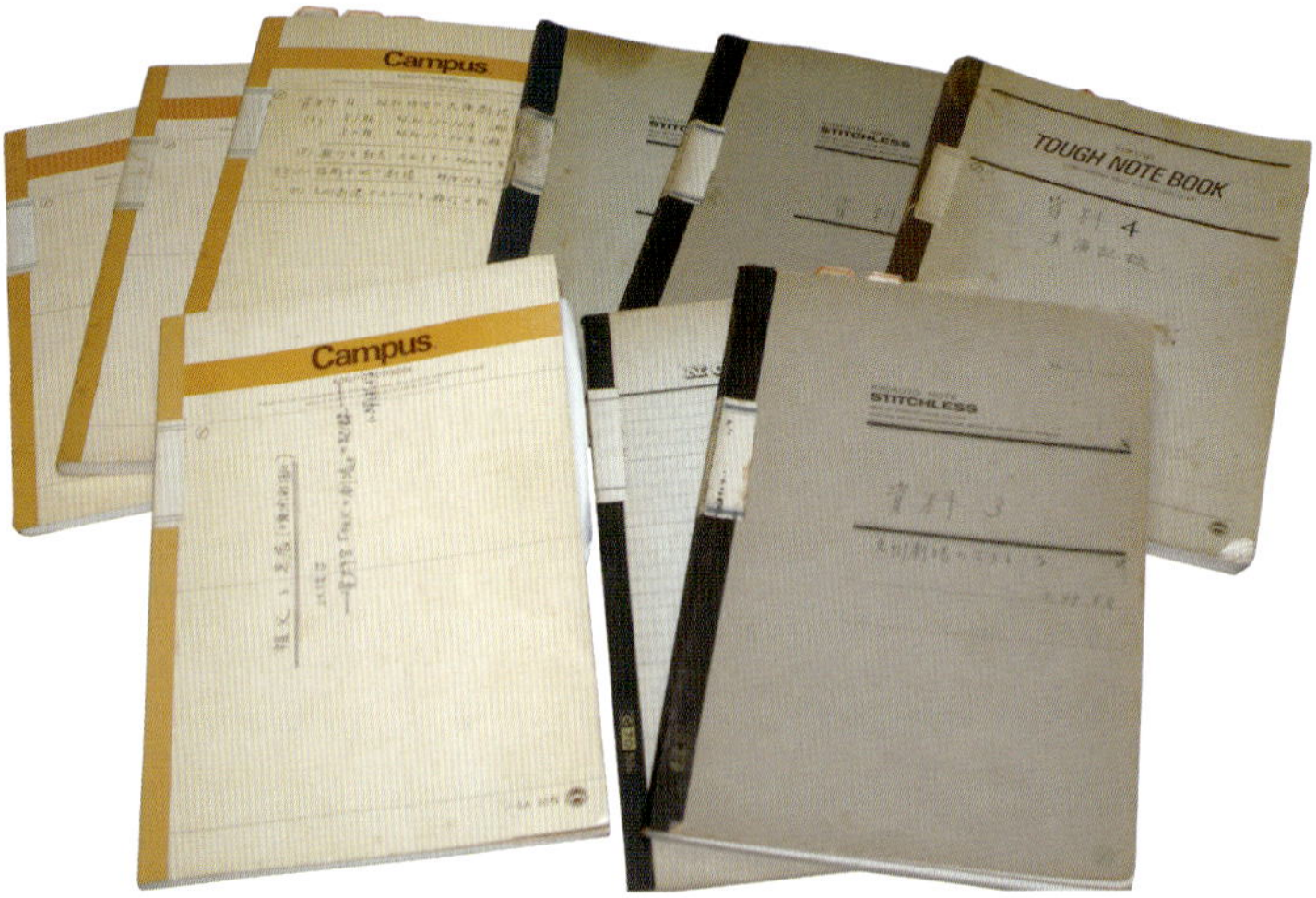

著者が記した博多の芝居関係のノート類

編者序文

狩野啓子

人との出会いによって、何かが展開することがある。武田政子さんとの出会いは、私にとってそういう一例であった。戦後文学研究の一環として、占領政策下での博多の演劇について調べていた私を、武田さんに引き合わせてくれた人がいた。紹介者は、産婦人科医の天児都《あまこくに》さん。武田さんの福岡女学院時代の教え子である。

武田さんへのインタビューの目的は、貴重なお話を伺えたことで十分達せられたのだが、武田さんの話はそれにとどまらず、どんどん時代をさかのぼり、明治の博多の芝居について、まるですぐそばで見ているような臨場感をもって、生き生きと繰り広げられた。その知識と話術に魅了された私は、もっとお話を聴きたくなった。

武田さんが博多の芝居に詳しいのも不思議ではない。政子さんの父親は、大博劇場の経営にたずさわった武田米吉《よねきち》さん。祖父は武田与吉《よきち》さん。明治時代からの博多の芝居に非常に縁の深い方だったのである。政子さんも小さい頃から、芝居小屋の空気を吸って育った。

夕御飯がすんでから普段着のままで気軽に見物に行ったお芝居の楽しさを、武田さんは昨日のことのように語った。呉服町近辺は今のように早々と暗くはならなかったそうである。

武田さんの芝居通いは、上京して、お茶の水の東京女子高等師範学校に在学中も続いたという。帰郷後は数年教壇に立った後、劇場運営を手伝ったが、昭和二十一（一九四六）年以降は福岡女学院に戻り、昭和四十七年の定年まで国語の教員として大勢の生徒を教えてこられた。

退職後、大博劇場のことを調べておきたいという強い思いから、当時須崎にあった福岡県立図書館に通って新聞を読み、関連する記事をノートに書き写す作業を始めた。そのうち、大博劇場にとどまらず、明治以降の博多の芝居について、できるだけ正確に調べてみたいと考えるようになり、東京の国立劇場等にも通い、ノートは膨大なものになっていった。

そのようないきさつをお聞きし、十冊を超えるノートと、「芝居小屋から」と題する文章の構想を拝見し、これは大変な仕事だと思った。とにかく何とか仕上げていただきたい。埋もれてしまうのはあまりにももったいない。江戸の名残をとどめながら、近代化のきざしも表れてくる明治時代の状況は、私自身がぜひ勉強したいところでもあった。近代は近世と切断されてはいないのだから。毎回わくわくしながら武田さんの話に耳を傾けることから、仕事が始まった。

武田さんが明治以降の博多の芝居について文章をまとめるのに並行して、私は興行についての記録を調査し、『博多興行年表』を作成していくプロジェクトチームを結成することを決心した。「福岡演劇史研究会」が、橘英哲・松本常彦・長野秀樹・狩野啓子をメンバーとして発足したのは、武田さんとお会いしてから、およそ半年後の平成五（一九九三）年四月である。

折しも、早稲田大学出身の歌舞伎の専門家の岩井眞實さんが、福岡女学院短大に着任して二年目で、主力メンバーになって下さった。それ以降、岩井さんの牽引力に殆どを頼ってきた。福岡女学院短大、筑紫女学園短大、九州大の多くの学生の協力はありがたかった。

私たちが一番見たいものは「一枚番付」。しかしこれは、その当時は、公立図書館にも数枚単位でしか所蔵されていなかった。大阪・京都の歌舞伎興行の調査が、数千枚の番付を基にして、『近代歌舞伎年表大阪篇・京都篇』としてまとまったのとは、雲泥の差がある。個人で所蔵している方を頼りにしたいのだが、これも雲をつかむような話。何人かの方に貴重な所蔵品を見せていただいたのだが、大阪・京都とは比べものにもならない。博多は、文献や資料の保存については、全く不熱心な土地柄なのかとつい愚痴も出る。戦災にあって焼失したものもあるかもしれない。「一枚番付」は、たとえてみれば映画のチラシみたいなもので、わざわざ保存しておく類のものではなかったのであろう。現時点では、福岡市博物館が相当数の博多関係の番付を所蔵しているので、状況が少し改善された。

さて、作業を始めて、最初にぶつかった壁は「お金」であった。調査の基本的方法は、地元の新聞を丹念に読んでいって、芝居に関連した記事を探し出し、コピーすることなのだが、図書館で新聞のマイクロフィルムをコピーするための費用がかさんだ。

思案投げ首のところに助け船を出してくれたのは福岡市であった。創設されたばかりの「福岡市文化助成」に応募して助成金を交付され、調査もようやく軌道に乗ったのである。その報告書として提出したのが『芝居小屋から』（私家版）であった。また平成八、九年度は文部省（当時）の科学研究費の交付を受けて、計画を大幅に進めることができた。

『博多興行年表』作成に向けての私たちの調査は、竹田秋楼『博多物語』、小田部博美『博多風土記』、咲山恭三『博多中洲ものがたり』、佐々木滋寛『川上音二郎年譜』、井上精三『博多風俗史芸能編』「博多の劇場史」（「うわさ」連載）等々、先学の仕事に導かれ、ことに武田政子さんの『芝居小屋から』（私家版）を最大の拠りどころにして進めてきた。

調査研究のモデルにしたのは『近代歌舞伎年表大阪篇・京都篇』であるが、大阪・京都と博多は事情も異なるので、私たちの作業はどうしても新聞調査中心にならざるをえなかった。現在ではマイクロフィルム・CD化されている「福岡日日新聞」（明治十三年―昭和十七年）、「福陵新報」（明治二十年―三十一年）、「九州日報」（明治三十一年―昭和十七年）の三紙が、調査の対象である。

マイクロフィルムをマイクロリーダーにかけて読み、該当記事を探してコピーする。コピーから、記事の部分だけを切り取って、所定のカードに張り付ける。そのカードを年次順に整理し、パソコンにデータとして入力する。これら一連の作業は、マイクロフィルム、コピー、パソコンのような機器と人手がなければ難しかったであろう。

芝居どこの狭い空間では、役者の汗や声のかすれさえも感じ取ることができる。その生の舞台の醍醐味を時に味わうことができるのが私たちの地味な研究の支えであった。

武田さんの草稿と、私たちの調査によって新たに得た知見を併せ、雑誌「歌舞伎　研究と批評」（歌舞伎学会）に「博多興行史　明治篇」の連載を始めたのは平成十四年のことである。著者は武田・狩野・岩井の連名とした。十回の連載は平成二十一年に完結した。

しかし「博多興行史　明治篇」の題名が示すとおり、この連載が扱った範囲は武田さんが生まれる前の時代であり、武田さんが見聞きし、肌で感じた、切れば血の出るような部分を含んではいない。

連載を開始した時点ですでに病床にあった武田さんは、平成十五年十二月十日に九十二歳で亡くなった。あとに残された十数冊の大学ノートの中には、「明治篇」に採用された部分はもちろん、大正・昭和に至る壮大な「近代博多演劇史」とでもいうべき原稿・資料・メモの類が認《したた》められている。中には推敲を繰り返したと思われるものもあり、資料としてはもちろん、読み物としても十分に魅力的である。

「博多興行史　明治篇」が完結した後、残る原稿を編集して一冊にまとめ、世に問うことが私たちの仕事となった。タイトルは武田さんの構想どおり、『芝居小屋から』である。原稿は武田さんの遺したノートの記述を重視し、ほとんど手を加えていない。ただしノートは何度も書き換えられた形跡があり、類似の記述が複数のノートに見出される場合がある。その反面、書かれなかったのか散逸したものか、空白の時期もある。こうした記述の重複や飛躍も、加筆せず

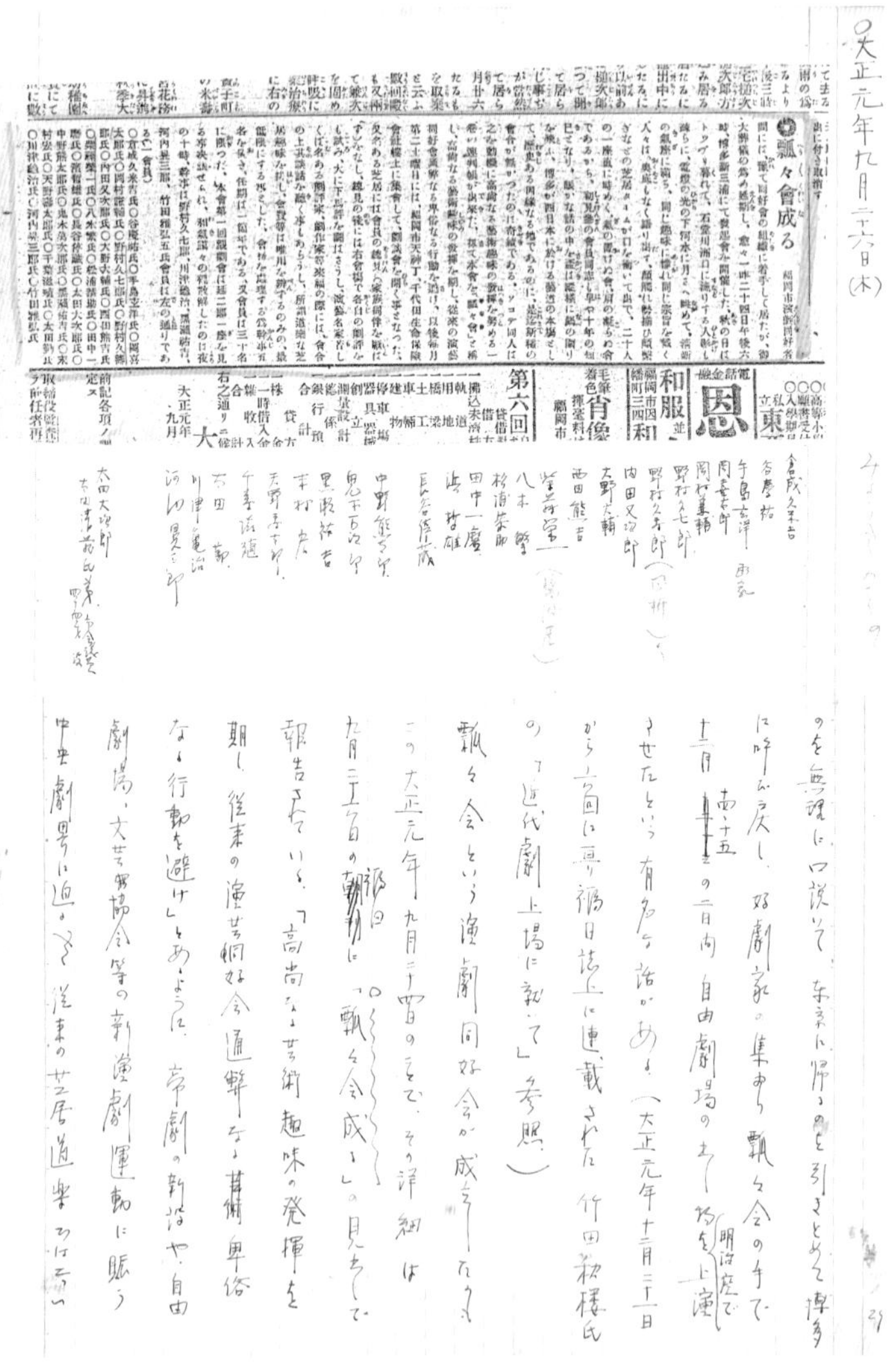

大正元年九月二十六日(木)

瓢々會成る

のを無理に口説いて東京に帰るのを引きとめて博多
に呼び戻し、好劇家の集まり瓢々会の手で明治座で
十二月二十五の二日間自由劇場のもの物を上演
させたという有名な話がある。(大正元年十二月二十一日
から六回に亘り福日誌上に連載された竹田秋楼氏
の「近代劇上場に就いて」参照)
瓢々会という演劇同好会が成立したのは
この大正元年九月二十四日のことで、その詳細は
九月二十六日の福日朝刊に「瓢々会成る」の見出しで
報告されている。「高尚なる芸術趣味の発揮を
期し、従来の演芸同好会通弊なる卑俗
なる行動を避け」とあるように、帝劇の新派や、自由
劇場、文芸協会等の新演劇運動に賑う
中央劇界に追いつき従来の芝居道楽ではない

著者の博多の芝居関係のノート。ここでは大正元年の新聞の切り抜きを貼り、この記事に関連の内容を下段に記されている

に最小限の監修をして掲載することとした。何より武田さんの生の声を残したいがためである。

表記は現代仮名遣いとし、漢字はできるだけ現行のものになおし、適宜ルビを振り句読点を補った。また、必要に応じて〔 〕内に注釈をつけ、読者の便をはかることとした。

最初の出会いから二十五年も過ぎてしまった。政子さんは、この仕事の内容が少しずつ活字になる度に、本当に喜んで下さった。全体像がわかる一冊の本に仕上がるのを、どんなに待ち望んでいらしただろうと思うと、胸が詰まる。御存命中に本に仕上げることができず、申し訳ない気持ちがこみあげてくる。ようやく出版に漕ぎつけることができ、ひとまずほっとしている。

多くの学生さんの協力がなければ、作業を進めることはできなかった。そして、一枚番付をはじめ貴重な資料をご教示下さった中野三敏先生の学恩にも、深く感謝申し上げたい。海鳥社の西俊明氏は、最初にお話をしてから十年以上も辛抱強く待ってくださった。武田さんのお身内の武田与一さん・弘美さんご夫妻、露木紀子さんには、原稿化するにあたって終始お力を貸していただいた。ここでお名前を挙げていない方も含めて、多くの方々にご協力をいただき出版できることを、心からお礼申し上げたい。

この本を武田政子さんの霊に捧げる。

（御命日の日に）

平成二十九年十二月十日

はじめに

武田政子

博多にも演劇史が欲しいと思うようになったのは戦後も大分落ち着いてからのことである。

劇場の経営に関わっていて、芝居の渦中にある時には、その日その日を切り抜けることと、明日の芝居を考えることで手一ぱい、過去の歴史を振り返る余裕など全くなかった。それにまだ芝居に関する記憶が生々しくて、それが薄れることがあるなどとは思ってもみなかった。またその頃は、明治以来ずっと観客として芝居を見続けてきたという芝居通も幾人か健在で、そちらの方面で何かまとめてもらえるのではないかという期待もあった。わが家でも父や母が昔の芝居をよく覚えていて、いつでも聞けばわかるという安心感もあったようだ。

父（武田米吉）は戦争中の昭和十七（一九四二）年八月に亡くなった。大正九（一九二〇）年十二月の開場以来二十年余り、「大博劇場」一筋の生涯であった。今思えば、どうして生前にもっと話を聞いてメモでも取っておかなかったかと残念な気もするが、当時はそんな気もつかず、せめて母の話でもメモしておこうと思い立ったのも、はるかに後のこと、昭和二十八年になってからである。それには一つのキッカケがある。

父が亡くなって四年目の昭和二十一年二月、他の地元出資者である二名とともに大博劇場の株を手離し、「橋の向こうの藁小屋（仮小屋）」以来、祖父から父へと、いろいろの形で続いてきた芝居小屋との関係を初めて断ち切ることになった。

大博劇場はその後、多少の紆余曲折を経た後、昭和二十八年八月、大改築と組織の再編成を完了し、松尾国三を社長とする新しい株式会社大博劇場として出発した。発起人は松尾国三・大谷竹次郎に地元財界の太田清蔵・吉次鹿蔵の諸氏である。株主には地元の好劇家多数の参加があったようだ。

その頃の東京は、「歌舞伎座」の復興はあったものの、せっかく焼け残った「東京劇場」は二十五年の十二月からロードショウの映画館になってしまったし、松竹傘下の劇場で、一応歌舞伎常打《じょううち》の名目を立てられるのは、歌舞伎座がただ一つというさびしさである。大博劇場自身、専門の芝居小屋にはならず、常は大映映画の封切場、芝居の時だけ映画を休むという二足のわらじの中途半端なものになった。東京や福岡だけでなく、全国的に、映画館に転向する劇場が続々と増えていく。今までどうしても過去のものとは考えられなかった芝居というものが、急に歴史の中に閉じこめられてしまうような心細さを感じたのはこの時である。せめて自分たちの知っているものだけでも記録しておかなければならない。せき立てられる気持ちでとりあえず母の話を確かな記録と照合して確実なものにしたいと、古い新聞や参考になる文献の調査を始めた。

いつ、どこで、何を上演したかという年表的なことは調べる術《すべ》もあるけれど、その時々の舞台を、その時々の見物がどんな思いで見てきたか、その生《なま》の心に触れることは難しい。今度古い新聞記事を調べてみて、正式の劇評でなくても読者の投書や評判記めいたものでも、舞台の面影を探るのに、どんなに貴重な手がかりになるかを思い知った。とすれば、小さい時から芝居小屋の中をうろうろして、実感として得たことや、見たり聞いたりしたことは、たとい我が家の側からの私見が交じることになっても、やはり記録しておくべきではないだろうか。

〝芝居小屋から〟ふと、こんな題目が浮かんだ。他日の演劇史の完成を期待しながら、その土台造りに必要な大石・小石を一つでも多く集めておく――これでいい。その石を持ち寄るものも自分一人に限ることはない。芝居小屋で自分の目や耳を通して得たものを持つ人なら誰にでもそれを持ち寄って貰えばいい。

そう思うと何だか気が楽になって、それならまず自分の心に浮かぶもの、自分の手で探り得たものを、逃さず記録してみようと思い立った次第である。

平成十四年四月

本書での引用等の雑誌、書籍の発行年月日は西暦で記した。

本書には、人権上問題となる語が用いられているが、固有名詞等文化史上動かしがたいものであり、そのまま掲載することにした。人権に対する正しい理解の上本書をお読みいただきたい。

芝居小屋から　武田政子の博多演劇史◉目次

第一章　わが家と芝居

芝居どこ

故里と言っても、わたしには「兎追ひしかの山、小鮒釣りしかの川」の思い出はない。やれ鬼ごっこだ、駆けっこだと子どもたちの集まる場所は、あまり広くもない表の通り、電信柱から電信柱へ、キャッキャッと群れて廻った。「お坪」と呼ばれる小さな中庭のほか、庭らしい庭も無い狭い町中《まちなか》だが、あそこの横町、ここの町角、思い出は随所に拡がる。

そしてそのどこよりも馴染んだ場所に「芝居どこ」という所があった。文字を当てれば「芝居所《どこ》」となるのであろうか。子どもの頃、わたしたちは劇場のことをそういうふうに呼んでいた。

物心ついて最初に出てくる「芝居どこ」は東中洲の「九州劇場《きゅうしゅうげきじょう》」。当時はまだ昔風に「九州座」と言う人が多かったが、その頃できて評判だった東京の「帝国劇場《ていこくげきじょう》」（明治四十四〈一九一一〉年三月開場）になってか、福岡では初めてのこういう名前がつけられた。名前だけでなく、表の構えも洋館風に作られたが、中味は全く従来の芝居小屋である

九州劇場はわたしが生まれた翌年の大正元（一九一二）年十二月に開場した。若い時からの芝居道楽がとうとう本業になってしまったわたしの祖父が、初めて株主として経営の中枢に関わり、存分に腕を揮《ふる》うことのできた因縁の深い劇場である。

この「芝居どこ」での芝居の記憶の始まりは、「改良芝居」ということばとピストルの音。子どもの喜びそうな金ピカの芝居もあっただろうに、どうしてそういうことになったかふしぎに思っていたが、九州劇場初期の頃の上演記録を辿ってみて、なるほどとうなずいた。

地方はどんな立派な劇場をつくっても、東京・大阪の一流芝居を常時迎えることはできない。よほど巧くいっても年数回、そして打ち日も二の替りまで出して、一週間か十日ぐらいに限られる。

もう一つ前の時代、祖父の若い頃、「芝居どこ」で言えば「教楽社《きょうらくしゃ》」（明治十六年設立）全盛の時代には、上方で一座を仕立てて連れてくれば一カ月くらい引き受けるのが普通で、替り狂言も出し尽くし、終りはたいてい「忠臣蔵《ちゅうしんぐら》」で打ち上げということだったそうだが、九州劇場の頃にはもうそんな興行は通らないようになっていた。一年の大部分は土着の芸人か、旅廻りの劇団で埋めていかねばならない。

九州劇場も柿落《こけらおと》しには、大阪の嵐佳笑《かしょう》・中村芝鶴《しかく》〔二代目〕一座の十三日間、続いて実川延《じつかわえん》

二郎《じろう》（のち二代目実川延若《えんじゃく》）・市川右団次《うだんじ》（二代目）一座の十三日間と歌舞伎を招いたが、その後小屋を最も多く埋めたのは長期興行の利く地方廻りの新演劇の一座である。熱海孤舟《こしゅう》・原良一・大井新太郎・丸山久雄・木村猛夫などを座長とする一座が、入れ替わり立ち替わり入っている。東京・大阪では、その頃既に「新派《しんぱ》」という呼び名が定着しつつあったらしいが、この地方ではまだ「改良芝居」という呼び名が残っていて、壮士芝居の名残が強く、後の新派には程遠い、立廻りや活劇が売物の芝居で、ピストルもパンパン射ったものらしい。

その頃「はなばこ」と呼ばれる平場《ひらば》の最前列の四人詰の枡《ます》席が、株主などにあたる招待席になっていたようだ。ピストルが鳴っても泣かないのを幸いに、母は小さいわたしを連れて芝居見に行った。多分その「はなばこ」に座っていたのだろう。風をはらんで座席にかぶさってくる引幕と舞台に響くピストルの音を、なぜかはっきり覚えている。妹が生まれてからはもっぱら祖母のお供で、この「はなばこ」に座ったようである。

さて、わたしにとっての芝居どこの始まりは九州劇場だが、姉たちになるともう一つ古く寿座《ことぶきざ》、明治座《めいじざ》に遡る。また父や母の芝居どこは教楽社に始まる。父も母も同じく明治十六年生まれだが、教楽社もこの年に開場した。祖父となるとさらに古く、「橋の向こうの藁小屋（仮小屋）」の頃にまでさかのぼる。

若い祖父

弘化年間（一八四四―四八）か天保年間（一八三〇―四四）頃、本家から分かれて独立したわが家の初代与吉《よきち》という人は、母の話によれば、何でも一本差していて、山（山笠）のもめごととか、ドンタク（松囃子）のもめごととかいう時には、仲に入って納めに廻っていたとか……。「一本差して」というのは、一種の町の顔役であったという意味らしい。親戚間でも、何かゴタゴタがあると、「新宅のオイサンば呼んで来《き》ない」ということになったという。

初代武田与吉

安政三（一八五六）年に生まれ、昭和二（一九二七）年に亡くなった祖父（三代目・与吉二世）は、七十一年間、ちょうど日本の明治・大正二つの世代を生き通したことになる。文久二（一八六二）年のコロリの大流行の時に満六歳で若い母を失って以来、祖父はあまり家庭的には恵まれることなく一生を終わった。

祖父の若い頃、わが家の家業は、初代与吉以来の、地所持ち

二代目武田与平

の野菜作りと問屋の兼業であった（後に父が八百屋と乾物の店を持った時使っていた「〈ヨ《やまよ》」という屋号はその時からのものであろうと思う）。いわば半農半商だが農といっても米麦を作る百姓ではなく、自分の土地で作った野菜を自分も株を持っている市場で販売し、同時に他の地方から入荷する農産物も引き受けて商う問屋という商売も兼ねた商人でもあった。

　問屋にはそれぞれ扱う品物が決まっており、わが家は芋類が専門で、その方は二代目与平《よへい》の代になってさらに発展したらしく、過去帳にも二代目はわざわざ「芋屋与平」と記されている。初代には実子がなく、この二代目は六つの時からの養子で、初代とは違ったやかましやの堅人《かたじん》だったということだが、それでも本業の傍ら教楽社の中店を受けもって、安く買いつけた若杉山（福岡県篠栗町、須恵町）のみかんを、芝居の中で高く売りさばいて儲けるというような商才もあったらしい（「このじいさんの儲けだしとんなざるっちゃけん」と言って、父は自分の長男にその名をもらってつけた）。

　祖父も若い時は畑に出て働いた。そのガッチリした肩幅と大柄な体格は畑仕事で十分にきたえられたものである。若い時から三味線が好きで、ついに玄人はだしの腕前に上達したものだが、その稽古も「与吉つぁんな、畑で鍬《くわ》で三味線ば弾きよんなざる……」と噂されるような、仕事の合間を縫ってのものだったらしい。祖父が芝居に明け暮れるようになって、祖母の実家の人たちが「与吉つぁんな働き者《もん》じゃけんと思うて嫁にやったといなあ……」と悔やんでいたということから推量しても、結婚する頃までの若い祖父は、立派に家業を継ぐと見えた頼もしい若者だったに違いない。それがどうして芝居にとりつかれるようになったのだろうか。

わが家と芝居

ずっと前、何かの話のついでに、どうしてわが家が芝居に関わるようになったのか、父に聞いてみたことがある。父は「橋の向うのうちの地所の所に、芝居どこの建っとったもんじゃけん」と答えた。芝居どこと言っても藁小屋（本建築ではない仮小屋のことをそう呼んだ）で、たしか大風で倒れたとか。名前を聞いたら「やっぱりキョウラクシャたい」と言ったのが記憶に残った。しかしその話が、後の教楽社と祖父との間にもめ事ができた時、祖父が一時教楽社に対抗して、橋の向うの自分の地所に藁小屋を建て、大阪から嵐璃徳《りとく》・中村七賀之助《なかのすけ》（後の飛《ひ》鶴《かく》）の芝居を呼んで大当たりをしたという話（明治二十八〈一八九五〉年十月から翌明治二十九年興行）と混線して、辻褄の合わない記憶のままになっていた。その疑問が解けたのは最近のこと、井上精三《いのうえせいぞう》氏の『博多風俗史 芸能編』（積文館、一九七五年）及び「博多の劇場史（二）」（雑誌「うわさ」一九七九年八月号所載）のおかげである。

『博多風俗史』によれば、黒田藩時代、決まった地主銀さえ払えば、芝居その他の興行が許可されたという場所が五カ所指定されたことがあった。その一つに西門口畠際松原《さいもんぐち》というのがあった。その西門口畠というのが、わが家の地所のあたりである。勿論その都度小屋掛をして興行したものであろうが、明治になってからはやや常設に近い小屋もできたらしい。「うわさ」所載の「博多の劇場史」には、西門橋《さいもんばし》東詰に「教楽社」という仮小屋のあったことが、明治十二年十一月、その教楽社で開演した嵐璃寛《りかん》〔四代目〕・嵐三五郎〔六代目〕一座の番付の一部と共に掲載されている。父が話していた「橋の向こうの芝居どこのキョウラクシャ」というのは、おそらくこれであろう。明治十二年と言えば、祖父はまだ二十三歳くらい。父は無論まだ生まれていないが、その小屋のことは後に祖父か曽祖父に聞かされて知っていたのであろう。芝居どこはわが家にとって、祖父の代から、いやもっと以前からなじみの深い場所であったようだ。

これも以前母から聞いたのだが、その頃の博多の興行法というものは、まず請元《うけもと》というのがあって、芝居ごとに株を募り、株の金を出す方は、その代りとして「おすべり」（座席）を貰う（当時の座席は四人一枡が単位である）。そしてその芝居が運良く大当たりでもすると、株の金が戻ってきて、ただで芝居を楽しんだことになる。もしまた芝居がはずれて損をしたと言っても、出した金が戻って来ないというだけで、それ以上の損は請元が引き受けることになっていたという。もともと芝居好きの金のあるものが元手を出し合って好きな芝居を呼ぶという形のもので、その中でも特にそんなことの好きな者や、本物の興行師が請元になるのであろうが、初めは好きで世話を焼いた旦那衆がだんだん半玄人の興行師になっていくこともある訳である。

博多では明治十六年に教楽社ができるまでは、常時開場できる本格的な劇場もなく、また、教楽社ができて後も興行法に変わりはなく、商業化された京阪と違って、もともと芝居好きで集まった土地の者の仕事だから、損をしたからと言って逃げ出す訳にもいかないだろうし、損は結局請元がかぶることになるのだろう。それに地方のことで京阪の太夫元や仕打のように、自分で座組をすることはできないから、おそらく代表が出かけて、京阪の専門の太夫元や仕打と折衝して一座を買い受けたものと思われる。松竹が大きくなる以前はそういう仕打や太夫元がいろいろといたらしい。博多ではまたもともと金を出す方も芝居を観たいのが第一だから、広い家を持っている人は空いている座敷を宿舎に提供したり、贔屓《ひいき》の役者を無理にも自分の家に泊めたり、算盤《そろばん》ずくではない後援もあったようで、一月ばかりも滞在しているうちには役者と土地の人との間に親しみもわくという、のどかな面もあったようだ。

さて初代与吉という人も、前記のような人柄とすれば、自分の地所の目前で芝居の興行が行われるのをだまって見過ごす訳はなく、請元組に加わるか単に株の金を出しておすべりを買うという以上の立ち入った世話を焼いていたと思われる。二代目与平という人も堅人でありながら、教楽社の中店に関係していたのは、前記西門橋の教楽社からの関わりによるのであろう。

中店などを持つ人は必ず幾口か芝居の資金を持つことになっていたそうだから、幾分の出資はしたに違いないが、しかし請元に廻ることはまずなかったろうと思われる。

わが家の三代目武田与吉（初代の名をついで与吉二世）は、商売の道を踏みはずさなかった父親と違って、とうとう芝居そのものに溺れてしまった。中店とか芝居ごとの株主では済まなくなり、請元つまり興行師の側にばかり廻るようになった。そして働き者《もん》であったはずの与吉つぁんの評判がだんだんと悪くなってゆくのである。

祖父と興行

祖父の興行への傾斜を決定的にした第一のキッカケは、やはり教楽社の開場ではなかったか。教楽社についてはまだ確実な調査ができていないので、推測的なことが多くなるが、その設立に関しては今のところ二つの説がわかっている。一つは『博多風土記』（小田部博美《こたべひろみ》氏著、博多風土会、一九六九年、復刻発行、海鳥社、一九八六年）の記事に「奥堂《おくのどう》〔現・博多区御供所《ごくしょ》町《まち》〕の初代万屋加野惣平《よろずやかのそうへい》ら博多の好劇家連中の株組織による出資」と書かれている。もう一つは「浜小路《はましょうじ》〔現・博多区古門戸町・奈良屋町〕の鳥羽屋《とばや》をはじめ博多の有志によって株を集めた」という説で、橋詰武生《はしづめたけお》氏の『明治の博多記』〔福岡地方史談会、一九七一年〕、村瀬時男《むらせときお》氏編の『博多二千年史』などは、それによって書かれている。どちらが本当かわからないが、加野氏の万屋にしても鳥羽屋にしても博多で屈指の造酒屋で、いわゆる分限者《ぶげんしゃ》どんのことだから、後に設立された博多座〈明治四十三〈一九一〇〉年設立、現在の博多座とは無関係である〉と同じように、芝居好きのそういう金持ち連中有志の出資によって設立されたものであろう。

その設立の年、明治十六年は父の生まれた年でもある。曽祖父与平もまだ健在で、米吉《よねきち》というのはたしか曽祖父の命名と聞いている。祖父の最初の子は女の子であったが（青柳マサ）、二番目に跡取りの息子を得て一家の主人としての落ち着きもできてきた筈だが、どうもこの辺から祖父の興行熱が高くなってきたのではないかと思われる節がある。そして更に想像すれば、それをいよいよ引き返すことのできない深みへ追い込んだ第二の機縁が、明治二十四年の初代中村鴈治郎の博多入りの芝居ではなかったろうか。

著者の祖父・三代目武田与吉

祖父もおそらく素人の出資者の中にあって、半玄人的に上方に芝居を買いに行ったり、自分の取り分を超えた大活躍をしたと思うが、これはどうも商法にはならず、道楽の域を出なかったようである。

芝居を買うといってもこの頃のは「松竹なり何なりの巡業部から出た芝居を三日間とか四日間とか短期間に打

つ」という後のやりかたではなく、一月なり二月なりの長い期間を買い取って、その間の興行を全部担当しなければならない。博多での興行も一カ月くらいが単位だったそうで、替り狂言を出しつくした最後にはたいてい「忠臣蔵」で打ちどめになる。それも博多の興行だけで終わればよいが、請元になって博多に呼んだ芝居の日残りが出た場合、今度は太夫元になって各地を連れて廻るのである。そうすると、また地方地方に同じようなやり方で請元ができて芝居を買うというような仕掛であるが、うまく請け手がない時は手打ち（自分で興行すること）をしなければならない。はずれれば勿論自分の損である。祖父の芝居道楽も博多だけではおさまらず、だんだんこういう巡業にも手を出すようになり、家を空けることが多くなってくると、当然のことながら家内に波風が立ちはじめる。

祖父の巡業は曽祖父の在世中からはじまっていたらしく、それについて次のような逸話がある。

何の芝居であったか、やかましい父親の目をぬすんで巡業に出た祖父はそのまま二月《ふたつき》も三月《みつき》も帰って来ない。勿論、父親は大立腹、ついに勘当しようという騒ぎになった時、大きな大きな荷物が送ってきた。開けてみると出てきたのは伏見のお山にでもありそうなお稲荷さまの大きなお堂、おまけに銅《あかがね》の屋根が燦然と輝いているといった立派なもの。これを土産にと祖父が帰ってきたものだから、さすがの曽祖父も、ど肝《ぎも》をぬかれて、勘当のお叱りもどうやらこうやらで済んでしまったそうな。

このお堂はつい先頃までわが家の庭にあり、どこやらの小母さんがこれを見て「お宅はどなたか、拝みなざすとでっしょうか」とオガミヤサンと間違えておみくじでもあげてもらいたそうな顔をしたというおかしな一幕もあった。このお堂は強制疎開で家がなくなった後も転居の先まで担いで廻ったが、あまりに傷みがひどくなったので、一周り小さく作り直して貰った。それでもまだ普通の家のものとしては桁はずれに大きい。わたしたちの小さい頃にあった仏壇も、同じいきさつで西京（京都）から土産に買ってきたものだと聞いている。

著者の父・四代目武田米吉と
背後にお稲荷さんが見える

前述の鴈治郎の芝居もどの程度に関係していたのか、まだはっきりわからないが、博多の興行だけでなく、他の土地、例えば長崎あたりまでついて行ったのではないかと思われる。祖父の一生を通しての成駒屋《なりこまや》（鴈治郎の屋号）贔屓《びいき》はこの辺が始まりで、これがまた興行への情熱を動かしがたくしたのではあるまいか。

なお、この成駒屋の芝居にはもう一つ面白いことがある。この時、父は小学校の二年か三年だったろう。この芝居で「野崎村《のざきむら》」が出た〔お光〈鴈治郎〉久松〈珊瑚郎〉久作〈市蔵〉お染〈橘久之助〉〕。この野崎という芝居はその「切」のお染は舟、久松は駕籠《かご》と別れ別れに帰るところを遠見《とおみ》の子役〔子役を使って遠くにいるように見せる一種の遠近法〕でやることがある。この時もそれでお染と久松は本職の子役がやるが、船頭と駕籠かきは近所の子どもで間に合わせていたらしい。父が楽屋に遊びに行くと顔見知りの頭取がいて、「ぼん、お出で」と小道具部屋に連れて行き、かねがね父が欲しいと思っていた踊りに使う三つ面だったか、狐の面だったかをやるからと巧くもちかけ、とうとう遠見の船頭に仕立ててしまった。

父も子どものこと、衣装かつらをつけてはいるし、わかることはあるまいと教えられた通りに手を動かして舟をこいで花道を引込んだら、生憎《あいにく》学校の友だちが芝居を見に来ていてわかってしまった。翌日学校でなぶられて〔はやしたてられて〕困ったが、それよりも大変だったのは、与平じいさん〔曽祖父〕に知れて、大目玉を喰ったことである。家に帰っても知らぬ顔でいたのだが、かつらの跡がはっきりと頭に残っていてばれてしまった。よほどきびしく叱られたと見え、子供心にも「もう、またから〔二度と〕出るもんじゃない」と身にしみて思ったそうだ。息子の興行道楽を嫌っていた曽祖父が大事な孫の「芝居事《ごと》」にどんなに驚いたことか。父の興行ぎらいには、この与平じいさんの叱責も大いに作用しているかも知れない。しかしその与平じいさんも、ついに祖父を芝居から引き離すことはできなかった。

祖父の興行が儲かったのか損だったのかそれはよくわからないが、どちらにしても曾祖父が生きている間は家業に響くことはなく、若大将の道楽で何とか済んでいたのではあるまいか。

いつから始まったかわからないが、わが家では野菜のほかに風呂屋（銭湯）を始めている。宅地も分家した時の家のほかに現在の場所〔博多区上呉服町〕を手に入れて、そこで銭湯をやっている。少なくとも吉平《きっぺい》叔父〔父・米吉の弟〕が生まれた時には銭湯をやっていて、祖母が吉平叔父を抱いていて、今にも落としそうに眠りながら番台に座っていたなどと聞いたことがある。あるいは先見えのした曾祖父の発案であったかも知れない。よく繁盛していたということだ。

明治二十九年、曾祖父は七十四歳で亡くなった。折柄日清戦争後の経済混乱期、金融逼迫の時代を迎える。この頃から祖父の興行も旦那芸では済まなくなってきたようだ。

祖母の死

曽祖父の死から三年経った明治三十二（一八九九）年七月二十一日、今度は祖母が脳出血で亡くなった（享年四十）。この三年間には特に祖母の心を痛めるような出来事が多かったようで、祖母が倒れた時、実家のだれかが祖母にすがって「トモちゃんな与吉つぁんのおかげでこげんなってしもうた……」と泣き声を上げたという話がよくその間の事情を語っている。

興行で長い間巡業すれば当然のことのように女出入りもからんでくるものだが、それよりも祖母を苦しめたのは、父の姉の結婚問題ではなかったか。祖母の実家では、内々話のあった祖母の姉の嫁ぎ先である福岡の通り町の、手堅い商家にやりたい意向で祖母もそのつもりでいたらしいが、突然祖父の独断で柳町〔博多の遊郭〕の「三浦屋」（青柳）へ行くことに決まった。当時「三浦屋のおかか」と呼ばれていた三浦屋創始者のおばあさんは、なかなかの切れ者で、おそらく祖父の興行の後援者でもあったのだろうが、その人柄にほれこんでいた祖父は、その長男の嫁にと望まれるまま二つ返事で承知したものらしい。昔のことで表だっては言わないでも祖母は勿論反対だし、それにまた若い父までが反対の意志表示をしたそうで、それからが大騒動、結局は三浦屋へ嫁いだ訳だが、祖父と祖母の実家との間はいよいよ険悪になり、その板挟みになって、気の小さい祖母がどんなに気苦労をしたことか想像にあまりある。おまけに曾祖父の死後は、興行に没頭する祖父が家業と二道を皆背負いきれるものではなく、その負担も祖母にかかってきたことだろう。

そしてその苦労の悔やみ事の相手はもっぱら長男である父に向けられた。母に言わせれば「耳に付いた蚊のごと、ずっとじいさんのことば悔やんで聞かせなざるもんじゃけん」父の祖父に対する不信感はぬきがたいものになり、一生親子の仲がしっくり行かないことになったという。

考えてみれば祖父と祖母と二人の間がどうこうというよりも、祖母の実家の家風と祖父の気風の合わなかったことが、二人の不幸のもとだったように思われる。祖母の実家も同じく土地持ち、野菜の「作元《さくもと》」であるが、女姉妹《きょうだい》ばかりということもあって時勢がどうあろうと家業に専念するのが第一の信条、商売などに手を出すのはもってのほかという家であった。政府も社会も一応の安定期に入った明治末期や大正時代に生まれたわたしたちには、流動する社会とか、社会組織の変動などの実感がなく、なかなか理解できなかったが、明治も二十年頃までは、まだまだ維新の余震の続く不安定な時代であった訳だ。

明治初年全国的に頻発した百姓一揆、福岡でも明治六年には県下全体を揺るがし、福岡・博多の町を席巻した竹槍一揆が起こっているし、明治十年の西南戦争を頂点とする各地士族の叛乱、さては自由民権運動と騒然たるものがある。西南戦争の時など近所の人で官軍に梅干しを売り込んで大儲けした人もあったというし、二十歳《はたち》前後の若い祖父にそれ

がどんな影響を与えたことか。もともと芸事が好きでカンもよく、持久的な仕事よりも、パッとものごとに反応するひらめきに冴えている（博多流に言えば「見渡しの早か」ということ）祖父が、芝居のことで上方などへ行くようになって「甘たらしゅうて（ばからしくて）畑ども（など）作っとられるかい……」と考えたのも無理もないと思われる。しかし、祖母の実家の人たちから見れば、これは許しがたい不届きなことだったのである。祖母の実家だけでなく、親兄弟にも歓迎されることではなかった。それにまた、異母弟の長沢徳太郎（曽祖父の在世中から隣家に分家していたが、所謂《いわゆる》兵隊養子に行って長沢姓となる）という人が尋常な育ちで、堅実派だったことも祖父の立場を一層不利にしたようだ。

こういう状況の中での祖母の急死は、祖父を困惑させただけでなく、父の運命も大きく変えた。父はその頃しつけの厳しいので有名だった中間町《なかままち》（現・博多区綱場町）の「よきや」という質屋で商売見習いのため奉公中であったが、まだ年季の途中なのに呼び返されて、にわかに嫁を迎えることになった。主婦のいなくなった家の中がどうにもならないので、まだ数え年十八歳の父に世帯をつがせようという訳である。今から思うと随分無謀な話だが、だれも反対はなかったらしい。親戚の中にただ一人、祖父の継母の縁辺に当たる人が「お前が嫁御《よめご》ば呼ぶより、父《とと》ざんに後《あと》より（後妻）ばもろうた方が良うなかや」と父に忠告してくれたそうだが、大勢は父にもどうしようもなかったそうな。

そして同じく十八歳の母が、新しい主婦として迎えられた。実際の仲人は西教寺（現・博多区上呉服町）の御院家《ごいんげ》さん（住職）。祖父も母の父も西教寺の世話人であった縁故である。

「よきや」のこと

父が「よきや」に見習い奉公に入ったことは、父自身にとっても生涯を決定づける重要なものであるが、わが家にとってもずっと後に重要な意味をもってよみがえってくる。

しかし、そのキッカケは、祖父一流のまことに唐突なものであった。

父が高等小学校をもう少しで卒業するという頃、祖父は足もとから鳥が飛び立つように、あわただしく学校をやめさせて「よきや」に預けた（その頃の小学校はまだ四年制、その上にまた四年制の高等小学校があった）。別に理由はない。今ならば入れてもらえる、ただそれだけのことである。その頃「よきや」に息子を預けて修業させたいと思う人は多かったらしいが、人数の都合もあっていつでも引き受けてもらえるという訳でもなかったのが、たまたま空きがあって、今ならいいということで、誰の世話だったか知らないが、とにかく「よきや」へ行くことになった。

もう少しで卒業だからと学校の先生も惜しがって止めてくれたし、本人はもとより学校好きなので、是非卒業したいと思ったらしいが、父親の命に従うより仕方がなかった。このことも祖父に対する根深い不満の一つになっている。

その頃、中間町には野村一族の「よきや」と名乗る店が数軒あった（博多の人はなまってよく「ゆきや」と呼んでいたが、正しくは「斧屋《よきや》」である）。江戸時代から続いている商家で、地味ではあるが確固たる地歩を占めていた。大本家と言われる店は、わたしたちが物心ついた頃は洋服類を扱う問屋であったが、父の奉公した店は、その一族の人々から新宅と呼ばれている質屋さんで（多分金融業も兼ねていたのであろう）、実力は当時本家をしのぐものであったらしい。

小さい時、盆、暮れのお使いものを持って行かされたことがあるが、広い間口の旧い作りに帳場格子がどっしりと座っている店で、大きな柱とずっと家の奥の方まで続いている広い長い土間が印象に残っている。お使いものを差し出すと、店の人が受けとって、それを奥まで持って行き、しばらくの間待たされる。そしてそろそろ待ちわびた頃戻って来て、お使い賃（お駄賃）の入った風呂敷を丁寧に返してくれる。こういう時のお使い賃はたいてい五銭か十銭のおひねりか、お菓子果物などであるが、この家は変わっていて、今どき使っていそうもない旧い木版ずりのようなお習字のお手本か、これも古めかしいお習字用の墨などに決まっていた。子どもにとっては一向にうれしくないお使い先である。それから幾日か経つと、もう老人であった野村久次氏が質素な衣服に袴をつけて、わざわざお礼の挨拶に廻って来られる。一度その場に居合わせたことがあるが、「盆前には結構なものを云々……」の意味のことをいかにもおだやかに丁寧に述べられて、曲がった腰をいっそう低く、丁寧に丁寧におじぎをされる。博多の下町と言っても野菜作りさんや職人さんが多く、商家の少なかったこのあたりの町内では、めったに見られない挨拶なので珍しく「あれ、ダレ?」と母に聞いたら、「あれが『よきや』の大将たい」と教えてくれた。子供心にも「ハハン」とうなずいたものである。

父が「よきや」にいたのは結婚までの三年あまりのことだと思うが、この時しつけられた「よきや」の風《ふう》は終生父に残っていて、はでな芝居の連中にかこまれても、角帯前だれの堅気《かたぎ》風は死ぬまで変わらず、まことに異彩を放っていた。

それにしても遊芸が好きで興行に熱を上げたような、後には父の堅い生《き》まじめさをけむたがって「よきや流儀」などと皮肉っていた祖父が、どうしてまた自分の気風とまるで違う「よきや」などに息子を預ける気になったものか、祖父一流のその場その場の思いつきだと言ってしまえばそれまでだが、いろいろの波乱曲折を経た今から考えてみると、祖父自身もはっきり自覚していない切実な願いが込められていたように思われる。

だいたい興行などを専門にやる人は、出資者から金を集め、それを繰廻して商売をしてゆくものらしいが、もともと、ほんとうの商家の育ちでない祖父は経済の道にうとく、欠損になると自分の金を持ち出して穴を埋め、足りなくなれば不動産を抵当に金を借り、やりくりが苦しくなれば、土地でも家でも売り払ってかたをつけるというやり方をしたようだ。金を借りると言っても、もともと興行の資金だから銀行はなかなか貸さないだろうし、もし借りる道があったとしても、野菜作りが本業で、純粋の商家筋との付き合いのない祖父は、銀行にコネをつけるなど手堅い資金のルートはない。自然、金融の対象は、個人的な高利の金や、芝居に関係のある柳町のような花街になってくる。芸能に対する眼はたしかで、芝居の評価に狂いはなくても、その金策には全くの素人で苦しい思いをしていた祖父が、自分の息子にカッチリ商売の道を覚えさせようと、それなら「よきや」へ……と短絡的に思ったのも無理はない。着想としては正しかったとも言えるのだが、せっかく見習いにやっておきながら、まだ番頭はおろか手代の域にもどうかというところでまた急に引きもどし、すぐに商売を始めさせようというところに、祖父の発想の大きな穴があるのである。祖父のそういう性格を父も母も「じいさんの性急《せいきゅう》人《じん》じゃけん」と言っていた。

教楽社、明治座、寿座と祖父の関係したらしい芝居の跡を「福岡日日新聞」(以下「福日」)を資料に辿ってみて、意外に思ったことは、座を傾け、精根を尽くして開拓的な役割もしたらしいと思われるのに、祖父の名は博多の演劇界の表面にはあまり現れてこないことである。九州劇場より一足早くできた東公園の「博多座」は、前の教楽社と同じく、博多の有力な商家の連中の出資と、「福日」の演劇記者など当時の劇通、好劇家の後援のもとに、新しい劇場経営をめざして華々しく開場したが、その興行を委託されたのは寄席「川丈座」の経営者であった長《なが》尾文七《おぶんしち》氏で、祖父は全く埒外にいたらしい。残念ながら祖父はこの当時は、水商売のかたわら芝居や相撲の興行をする顔役めいた人たちと同じ仲間の興行師と思われていたようだ。「九州劇場」になって初めて経営の表面に現れてくるが（これは生田さんという名コンビを得て、許斐《このみ》・中尾といったような有力な実業家と生田さんを通して提携できたことによる）、名実ともに経営の中心として認められ、社会的な信用を得るのは最後の「大博劇場」設立からである。

大博劇場の地所は「よきや」の大本家、野村久さんのものであり、その借地の交渉には、前の縁故でもっぱら父が当たった。設立出願人は松竹の山森三九郎《やまもりさんくろう》氏だが、地元にあって一切の委任を受けたのが父武田米吉であったことが、この交渉を成立させたとも言える。企画のもとは勿論祖父だが、九州劇場の持ち株との関係もあったのだろう、自分は表面に立たず、大博劇場の株の名義ははじめから父になっていた。そして当初の宣伝文句であった松竹の経営といった看板が山森さんの失脚と共に薄れてきても、その代表者が一貫して「堅い『よきや』に奉公した武田さん」であったことが、大博劇場をいわゆる興行師ではない堅気の素人の経営というイメージで終始させるのに大いに役立った訳である。

父の晩年、日支事変が始まって後のことだが、「よきや」の一族で「風柳」という料亭を開いていた当時の劇通の一人、野村久寿郎さんが、太田清蔵氏の意を受けて、大博劇場改築の打診に来られたことがあった。「呉服町の角の土地から東町にかけての一帯を新しい歓楽街に育てたい。もし大博劇場改築の意志があるなら費用は出資してよいが、どうだろうか」という内々の申し入れである。父は例によって独断的なことは言わず、もし具体化するようなことになったら株主連中にお取り次ぎしましょうという意味の返事をしたようだ。しかしその後間もなく物資統制令が出て、呉服町角に建ちかけていたビルも鉄骨だけで立ちぐされになってしまい、改築の話もそのまま立ち消えになったが、与吉っあんの芝居道楽に始まった仕事も、ついに博多財界の実業家の対象になるまでになったのである。

こうして長い目で眺めてみると、父の「よきや行き」は、わが家にとってまことに微妙な布石であったことに気づくが、当時はむろんそんな確実な見通しの上に立ったものではなく、その当事者である父にとってこれくらい迷惑なことはない。

学校も中途、見習奉公も中途で終わった上、これまた祖父の唐突な思いつきで、嫁に来たばかりの母といっしょに思いがけない履物店を開業することになる。

父と母の履物店

父と母の若夫婦に履物店《はきものみせ》を出させようという考えは別に悪いことではないが、どうして履物店になったのか、そのいきさつはよくわからない。何でも芝居のことで大阪に行った祖父が急に思いついて、大阪の履物の問屋町で、開店するだけの品物を即金で仕入れ、前触れなしに送りつけてきたのだという。問屋としてはいいお客さんだっただろう。立派な品物ではあるが売れそうにもないものや半端なものも含めて、とにかく大変な荷が送ってきて、家の者は面食らってしまったそうだ。履物店をさせるならさせるで、当の父との話し合いもあろうし、地元の問屋との取引も考えなければならないのに、思いついたら待ったなし、旅先の大阪で直ちに行動に踏み切るところがいかにも祖父らしい。大阪の問屋で仕入れるという発想も「よか芝居は上方で」という祖父の流儀と一連のものがあろう。

母が嫁に来た頃、家ではまだ風呂屋を続けていた（場所は中小路二十五番地のはじめの家でなく、新たに手に入れた現在の宅地、中小路三十番地〔現・博多区上呉服町〕）の家である。当時はまだ混浴のできる原始的なものであったが、それでも結構商売にはなっていたらしい。しかし、だんだん風俗や衛生の取り締まりがきびしくなるにつれ、警察の干渉を受けることも多くなり、面倒なことの嫌いな祖父にはそれが苦痛で、「巡査の奴がやかましゅうコキヤガル」と大分嫌気がしていたようだ。

著者の父・四代目武田米吉

著者の母・ムメ

そこへ父の結婚話、「荒瀬〔母方の実家〕の娘じょうならば、嫁御にもろうて」風呂屋の番台に座らせる訳にもゆくまいという心遣いもあったのだろう。息子には別の店を持たせて、そこに嫁を迎える……そういう心づもりが突如、履物店開店という方向にきまったものと思われる（場所は分家以来の二十五番地の家の方である）。

　風呂屋をやめたのは母が嫁に来て間もないことで、荒瀬の祖父がそのことを心配して「お前ンがたは風呂屋で立っていきようとじゃろうもんに、そればやめてどうするとや」と母に言ったという。荒瀬の祖父の言う通り、始めた履物店はなかなか商売にならず、興行はもともと不安定、本来の野菜作りや問屋の仕事ももう本業にはならないという状態の中で、日露戦争前の経済不況期を迎えることになるのである。

　そういう事情はともかく、どちらも明治十六（一八八三）年生まれの数え年十八歳という新夫婦の始めた履物店、ままごとのようなと言っては失礼だが、想像してみても面白い。

　父が笑いながらこんな話をしていたことがある。

「店に来たお客が言うっちゃけん、『まちっとまかりまっせんな。ちょっと姉《あね》さんに相談しちゃってんなざい』」

　同い年はどうしても女の方が老けて見える。店番の弟と思われたのも無理ではない。

　もう一つ、父の面目躍如という話がある。婚礼が済んで初めての里帰り、博多で言うイチバールキ（一番歩き）の時のこと、父は母に表つきの（畳表の）塗り物の素晴らしい履物を店からおろして履かせてやった。博多の「一番歩き」というのは婚礼に欠かせない行事で、親戚・町内・知人と一応披露宴が終わったと、初めての里帰りをする儀式だが、この日お嫁さんは婚礼の時と同じくらいの盛装で、「付き手」とか「連れ」とかが、同じく振袖の盛装をした小さな女の子を左右に連れて町内をしゃなりしゃなりと歩いて帰って来るのである。それから町内の挨拶廻りをすませて、夕方婚家に帰る時も同じこと。人力車に乗るまでの行き帰りを見るために、町内の人も子どもたちも集まって賑やかなことである。

米吉（前列右端）、結婚した頃

さて里方に着いて父の履かせてやった履物は、まあ、立派なものをとほめられたのはよかったが、その後で「バッテンこれは模様のカタカタになっとうごとある。米吉つぁんの、まちがあかしとんなざるばい（間違えていらっしゃるよ）。帰ったら言うときない（言っておきなさい）」と注意を受けた。帰ってそう言ったら父が首をすくめて「わかったや（わかったか）」と言ったという。問屋から送ってきた品物の中に、こんなものがまじっていて、もったいないから「わかりめえと思うて」履かせてやったと言うのである。

この履物店もあまり長くは続かなかった。いつやめたかはっきりしたことはわからないが、結局しりすぼみに自然廃業ということになったのだろう。母に言わせればこの履物店も「引き合わんことはなかとばってん、売り上げのたまりゃあ、かつがつじいさんの興行のといい（ために）、持っていってしまいなざるけん、商売になるもんかい」である。

日露戦争の頃

母が嫁に来たのは明治三十三（一九〇〇）年の夏だが、それから五年目、三十七年の二月に日露戦争が始まった。まだ長姉は生まれていない。その間の経済不況は前にもちょっと触れたが、特に三十五、六年はその頂点で、「福日」の紙上にも「博多名物の五月の飾人形が、二、三年前に比すれば殆ど三分の一位になった」とか「経済界現時の状態は一言にして之を蔽《おほ》へば、萎靡沈淪《いびちんりん》の極にあり」などと不景気な記事が目立つ。芝居の不振は勿論のこと、おまけに福岡では明治三十五年の七月に始まったコレラの大流行が九月まで続き、興行、集会、祭礼が禁止になるという災難まで加わった。教楽社も栄楽座も禁止がとけても開演にならず、そのまま年が明けるまで休場を続けるという有様で、その後も景気は好転せず、「本年程興行物の淋しいことは近来稀」と好劇家を嘆かせている。

そして面白いことに、この興行不振の最中に、一方では新劇場設立を要望する声が高くなり、いろいろの人の手でその具体化が計画されるようになるのである。

教楽・栄楽の二座が、どちらも旧式の建築で既に老朽化し、改築の必要に迫られていたという事情もあるが、経済不況とは言いながら日清戦後で、筑豊炭坑地区や北九州関門地区に蓄えられた経済力はかなりのもので、福岡にもその余慶を受けるところもあったのだろう。その計画のもっとも大がかりなものは、「博多演劇株式会社」設立の案である。福博の演劇関係者、好劇家、実業家を広く網羅し、その趣意書、発起人連名なども「福日」紙上に堂々と発表されたが、あまりに理想的な計画で実現せずに崩れてしまった。

結局劇場として設立に成功したのは東中洲旧病院跡の「寿座」で、日露戦争の真最中、明治三十七年の十一月に開場している。その外にも寿座よりも一足早く十月には同じ東中洲に寄席「川丈座」の開場があり、栄楽座も改築されて既に明治三十六年三月に新しく「明治座」として出発している。

明治三十七年二月、開戦からしばらくは火が消えたようになった興行界も、三月に入った頃から恤兵献金《じゅっぺい》〔戦地の兵士慰問のための献金〕を看板とする演芸演劇が次第に頭をもたげ始め、新演劇（新派）の戦争劇上演あたりから活気を帯びてきた。三十七年の終わる頃には新開場の川丈座、寿座に教楽社、明治座も揃って幕を開けられるような好況に変わっていく。

前記の風呂屋廃業のあたりから祖父の興行道楽はもう道楽の域を超え、背水の陣的に興行一本のプロになるよりほかはなかったようである。そうなれば自分の拠点となる劇場をと思うのが自然である。当然のこと、祖父はこの日露戦争の頃からの新劇場設立運動の中に加わった。

博多演劇株式会社の発起人の中にも名をつらねているし、寿座設立にもかなりの関わりを持っている。寿座でも明治座でも結局は設立者には加われず、後の九州劇場設立まで、その希望は叶えられなかったが、興行面では、両座にも随分深い関係を持っている。殊に明治座では致命的な欠損をして、現在の宅地以外の土地建物を手放さねばならないような目にもあっているのである。

寿座、明治座から九州劇場を経て大博劇場へと、その道程は祖父の一生の歴史でもあり、わが家の歴史でもあるので、次章に詳述する。

第二章　武田家と劇場

寿座

寿座については、以前〔昭和二十八〈一九五三〉年ごろ〕母から次のような意味の話を聞いたことがある。

自分が嫁に来た頃〔明治三十三〈一九〇〇〉年〕には、祖父は「教楽社」の興行をやっていた。がその後、鷹匠町〔現・博多区祇園町〕の川野左七という人に誘われて、新たに「寿座」の設立を思い立った（佐七氏が賄《まかな》いを引き受け、祖父が興行をやる）。そして柿落しに大阪の太夫元およねさん（佐々木よね）の芝居を連れて来た。およねさんと祖父とは年来の付き合いなので祖父が口をきいた。そこでその興業の後、およねさんが祖父になにがしかの礼金を包んだが、それは殊更口銭をとるとか、ピンをはねるという性質のものではなく、興行界の常識の程度だったという。しかし、今まで口銭はとられつけていても、とる立場に廻っていない、いわば半玄人の祖父にとっては全く馴れないことで、よっぽど拙いとり方をしたらしく、それが他の株主からとやかく言われるもとになって、とかく小面倒なことの嫌いな祖父の性分では辛抱しきれなかったらしく、寿座を離れて「明治座」の興行を受け持つことになった。

この母の話がどれだけ確実なものかわからないので、「福日」（「福岡日日新聞」）によって寿座設立に関する記事を辿ってみた。「新築劇場と寄席の改良」（明治三十五年一月二十九日）、「大劇場の建設」（明治三十五年三月十四日）などの記事があり、計画が続いていることはわかるが、まだまだ具体的なものは出てこない。

そして、一足早く若松で「旭座」という新しい劇場の開場式が行われた。三月四日の「若松旭座の開場式」にその詳細が報道されている。日清戦争を経て炭坑方面の経済力は福岡市などの比ではなかったらしく、飯塚、直方、幸袋《こうぶくろ》、門司、下関、若松など興行の景気もなかなか盛んで、殆ど個人的な投資による劇場の建築も見られる。旭座を建てた藤井という家は後に、明治座の経営にも乗り出してくる。教楽・栄楽の二座が大分古びて改築前になっているのに、その話もはかばかしくない時に、この旭座の開場は、福岡の人たちをかなり刺激したのではあるまいか。

追っかけて五月、ようやく具体的な計画が「福日」の紙上にあらわれてきた。

福博劇場株式会社発起会

当地には現今大劇場と称すべき程のものなく、現存するものは熟《いず》れも旧式にて殆《ほとん》ど建物朽蝕に属し、外観太《はなは》だ見苦しければ、新たに一大劇場を新築して福博の地に光彩を添へんとの計画を為す者ある事は先に報道せしが、此《この》程資産ある有力の賛成者五十二名ほど出来たれば四、五日中に発起会を開き、株式募集に着手する筈なり。資本金は総高六万円とし建築場所の予定地は東中洲旧病院跡、同農事試験場前の明地《あき》（現今の畑地）、中島中裏手の新たに埋立すべき三ケ所也と云《いふ》。

（「福日」明治三十五年五月二十二日）

博多演劇会社発起人会

昨紙所報の博多演劇株式会社発起人は本日午後三時より東公園一方亭に於て発起人相談会を開き、仮定款を決定し株式募集上諸般の協議をなす筈なるが、尚聞く所によれば同会社は現在教楽社、栄楽座の改築の期迫りたる今日に起こすものなれば、両劇場主にも十分の協議をなし、云はば両座合併新築といふ計画にて広ろく株式を募のらんと目下交渉中なり。其《その》資本金は六万円以上十万円の範囲にて、場所は前号記載の旧福岡病院跡、中島町浜新地、東中洲農事試験場前畑地及停車場付近、若《も》しくは博多築港埋築地の五ケ所中にて撰定すべく、劇場は東京大阪の大劇場に模して改良を加へ、九州第一と呼ばるる程の大設備をなし、演劇の外諸般公衆の集会にも応用さるべく構造し、場内には茶屋十五軒を設け、玉突、揚弓、大弓所等の遊戯場をも置き、築山泉水等は勿論可及的美術的の装置を施すべしと云へり。

其竣工期限は本年中とし来春早々花々敷《はなばなしく》開場せんと発起人は頗《すこぶ》る意気込み居れり。同会社創立趣意書及昨日まで申込みたる発起人氏名は左《さ》の如し。

博多に一大劇場の設けなきは猶《な》ほ山に樹なきが如く川に水なきが如し、山に樹無きは山に景を損じ川に水無きは川の形を失ふ。然らば博多に一大劇場の設け無んば豈《あに》博多の価値を損する莫からんや。

巴里《パリー》の花はオペラに在り、東京の春は歌舞伎に在り、巴里と東京この二大都会の華美を飾り繁栄を招くものは実にオペラと歌舞伎有るが為にあらずや。博多は九州の一大都会と称せらる。然らば博多の華美を飾り博多の繁栄を招くものは抑《そもそ》も何ぞや。博多は九州に於て芸術の精華を以て四方に聞ゆ。歌舞音曲□□芸美術に至るまで凡そ博多市民が芸術の趣味に富めること□□改めて言ふを須《もち》ひんや。而《しか》して其劇場を視れば矮陋《わいろう》□の壮□□な□夫《そ》れ演劇は芸術の王にして復た高尚なる行楽の華なり。貴顕王侯も行くべし。紳士市人も楽むべし。然るに之を容《い》るるの劇場にして不潔倭陋ならば、王侯も行かず市人も楽まず。寔《まこと》に之れ人生の行楽を妨ぐるの甚だしき者と謂《い》ふ可《べ》し。博多に一大劇場を設けて此《この》欠点を補ふことは目下の急務にあらざるか。

人生誰か行楽なからんや。勉強ありて行楽あり。行楽ありて勉強あり。人生の愉快蓋《けだ》し之より大なるは莫《な》し。然り而して行楽の趣味各々差別ありと雖《いへども》、就中《なかんずく》演劇は其最も多くの人士と最も広き階級歓迎せらる人或は演劇を以て行楽の反影とする必ずしも溢美の言に非ず。果して然らば博多市民の行楽は今の所謂《いわゆる》博多の劇場を以て足れりとすべきか。今の博多の劇場は結構既に古く、規模も小なり、空気の流通も悪しければ、光線の配合も宜しからず、其の衛生的設備に至ては殆ど皆無と称すべし。博多に一大劇場を設けて市民の行楽に適はしむることは目下の急務にあらざるか。

劇場は亦《また》都会の粧飾なり。都会の繁栄を卜《ぼく》し、市民の好尚を知るの標準としては劇場の如き建築物こそ第一に衆人の観聴を惹くべけれ。九州に於ける博多の位置と繁栄を以てして今の劇場に満足すべきに非ず。是を長崎熊本に比するも劣れり。更に直方若松に較べて尚ほ遜色あるを免れず。斯の如きは博多の面目に関せずや。□れば速に博多に一大劇場を設けて九州第一の都会たる博多の面目を保ち、美観を添ゆること豈《あに》目下の一大急務にあらずや。

吾等同人茲に相集て博多演劇株式会社を創立し恰好の地を卜して一大劇場を新築し結構の壮大衛生の設備を以て博多の美観を添ゆると共に市民の行楽を充し聊博多繁栄の計をなさんとす□収支目論見書は別冊に詳記せり、翼くば吾等同人の微衷を諒し□々賛成あらんことを（別冊略）

麻生多次郎　有松滋三郎　松本豊次郎　関　運七
月成　勤　林　為次郎　石村　虎吉　黒瀬　□貞
石藏　利助　倉成久米吉　荒津長太郎　松尾　利平

吉田　藤三	武田　与七※	青柳惣次郎	川野　佐七
宅嶋徳十郎	八尋安次郎	井上　昂	□澤伊三郎
長尾　丈七	三苫寛一郎	太田勘太郎	奥村吉五郎
平井　卯平	松下　久吉	児嶋初太郎	小松　貞吉
宮下元次郎	高橋徳次郎	長野　新平	深見平次郎
池　稲蔵	八尋利八郎	牟田口宗七	渡辺□三郎
渡邊綱三郎	川嶋　利平	鷹見　清三	井上　淳
矢野　禎吉	田嶋　太平	宮川　武行	篠木長□□
渡邊勘次郎	黒川清三郎	伊田浅五郎	小川　鉄磨
田中　新三	栗原亀次郎	井上　良助	原田　寿雄
立石　善平	野村久七郎	古森藤次郎	森　包之助
社家間善次郎	上原　金秋	川上藤□郎	今任　義

（※「与七」は「与吉」の誤り）

（「福日」明治三十五年五月二十四日）

五月二十三、二十四日の両日にわたって、新しい演劇会社発足のことが報道されているが、殊に後者のには趣意書も添えて、そのさかんな抱負が述べられている。教楽社・栄楽座の両座合併新築の意図も籠めてという計画だけに、福博の財界好劇家を網羅して同人の数も六十名に及んでいる。その中に母の話にあった川野佐七氏の名も武田与吉の名も見えているが、この計画の中心になったのはいったい誰であろう。

創立趣意書とか、新聞社へのアピールとか、とても祖父の柄にないことだし、いろいろな遊技場や集会所の計画なども芝居第一の祖父の発想とは思われない。

もっともこの大きな計画はこのままには運ばなかった。この種の記事はしばらく紙上からその消息が絶え、五カ月後新築出願として報道される時には、別口のずっと規模の縮小されたものになってしまう。

大劇場新築出願

屢々《しばしば》噂ありし大劇場新築の事は、愈《いよいよ》二万五千円の株式組織にて東中洲旧病院跡に建築する計画成り。博多馬場新町川野佐七、中市小路〔「中小路」の誤り〕武田与吉、柳町吉田藤三の三氏より昨日其《その》筋に出願せり。右建築認可の上は直に諸般の準備に着手し、遅くも来年五月までには竣工せしむる筈にて、同劇場は前面間口二十一間余、総坪数五百六十一坪、各地大劇場の模型に改良を加へ設計したるものにて運動場の如きは頗《すこぶ》る趣味に富みたるやう築造すべしと云ふ。

（「福日」明治三十五年十月三十一日）

その中に武田与吉の名があらわれるが、それはそのままになり、明治三十六年にはまた別口の計画が出てくる。

新劇場　寿座

博多東中洲元病院跡に演劇場新築のことは度々報道せしが、已《すで》に其筋の許可済みとなり居りしを以て、名称を『寿座』とつけ、此程《この》株主会を開き、重役には松尾利平、伴蜂籠《ばんはちろう》、宅島徳十郎、吉田藤三、中川某の諸氏監査役に米倉藤三郎、長野新平、一丸利平の三氏を選挙したり。猶来る十七日総会を開らき、入札其他の決議を行ひ、入札後は直に工事に着手する由にて、既に建築事務所を建築し居れり。家屋の構造は大阪道頓堀朝日座と同一格構にして、三階より楽屋内共同座に則り、間口十二間奥行十八間に大庇を加へ、二百三十五坪にて、観客定員千八百三十人なりと云ふ。猶聞く処に依れば来年旧二月迄には必らず落成の運びに至らしめ、旧三月節句を初日として開演する筈なりと云ふ。

（「福日」明治三十六年十一月十二日）

前年十月、祖父等三名によって出された新築願はどうなったものか？　「寿座」という新劇場での今度の計画の中心は、吉田藤三氏をはじめ柳町花柳界の人たちばかりである。

この新しい寿座もなかなか予定通りに運ばず、日露戦争最中の明治三十七年十一月開場することになる。

ここで一つ注意しなければならないのは、栄楽座をとりこわしてその跡に寿座より一足早く設立された「明治座」のことである。昭和五十二（一九七七）年「うわさ」二月号に掲載された井上精三氏の「中州の歴史 その八」の中に明治座設立についての記述がある。同誌によれば明治座を設立したのは前記「福日」明治三十五年五月二十四日の記事、博多演劇会社の発起人の中の数人とされている。とすると、祖父が吉田藤三氏、川野佐七氏と組んで前記のような大劇場新築の願を出したのは前記演劇会社の構想が崩れ、明治座設立計画に参加できなかったからではないだろうか。後の寿座設立の主なメンバーが柳町や花柳界に限られたのも、同じく明治座設立に加われなかったその人たちが共同して、自分たちの劇場を持とうとしたのではないか。

この二つの計画に共通しているのは、場所が同じく旧病院跡であることと、吉田藤三氏の名が出ていることである。後にこの一帯は吉田氏の所有地になり、寿座も最後には吉田氏個人のものとなっている。

新大劇場設置の許可
博多柳町松尾利平氏其《その》他の発起にて東中洲旧病院跡に大劇場新築の事は其筋に許可出願中なりしが、愈《いよいよ》去る七日付を以て認可されたれば、近日発起者協議の上、工事上の打合をなし来月初旬頃より地拼《ならし》工事に着手の運びに至るべしと云ふ。
（「福日」明治三十六年五月十三日）

この願と先に祖父たちの出した願（明治三十五年十月三十一日）とがどういう関係かははっきりしない。

何にしても福岡の演劇愛好家を一つにまとめ、「教楽」「栄楽」両座の改築もこめて一大劇場を設立しようと望んだ博多演劇会社の雄大な構想は破れて、それぞれ有志による「明治」「寿」二つの劇場が生まれたことになる。寿座の誕生も母が話していたような「川野佐七という人に誘われて云々」の単純な成り立ちではなかったようだ。母の話は吉田藤三、川野佐七、武田与吉三名で新築出願したところあたりまでで、その後の劇場建設に祖父が関係していたかどうか、また株主として出資したかどうかよくわからない。何しろ明治三十七年二月には日露戦争が始まったし、芝居どころの騒ぎではないので、寿座に関する報道は十一月の開場式頃までパッタリ絶えてしまう。

この明治三十五年、三十六年という年は、芝居にとって誠に御難の年である。三十五年五月、「福日」紙上に博多演劇会社の構想が発表されて間もなく、七月に入って福岡監獄から発生したコレラが大流行を極め、福岡市では祭礼・興行・集会等が禁止され、山笠の行事までがとりやめになった。しかもそれは八月、九月と続き、十月になってようやく山笠・放生会が催されることになったが、芝居の方はさっぱり。教楽・栄楽両座ともそのまま休演して年が暮れた。もっとも両座とも改築の問題を抱えていたので、コレラ休演を機会に、その話が具体化したと思われる。

両劇場の改築

博多教楽社及び栄楽座は新年興行に一花咲かせんと過般来《かはんらい》改修に着手し工事を取急ぎ居たるも、このごろのシケにて思ふ如く捗り兼ね、到底一月興行に間に合わざるより、旧正月までには是非竣工せしめ、旧元旦より賑々しく開場の予定なり。

（「福日」明治三十五年十二月二十八日）

明治三十六年一月から四月までは図書館所蔵の「福日」が欠落しているので、三月十二日の明治座開場の状況も教楽社改築の事情もよくわからないが、三十六年五月頃には両座ともとにかく蓋《ふた》を開けている。しかしこの年は日露開戦を控えて経済的には不況の年、当然芝居もかんばしくない。

そして明治三十七年を迎え、各座正月興行の幕を明け一陽来復と見えたのも束の間、二月十二日、日露宣戦の大詔が下ったのである。

日露戦争開戦後の劇界は一時全く火が消えたようになってしまった。三月九日には早くも

「今年の山笠中止の決定」が報道されるありさまで芝居どころではない筈だが、そこはよくしたもので三月に入った頃から、仁和加・幻灯会等を手始めに恤兵《じゅっぺい》献金を看板とする演芸、演劇が次第に頭を擡《もた》げはじめた。そして戦争劇が新演劇（新派）の連中にとり上げられるようになると芝居はむしろ活気を帯びてくる。その世相を反映するように福岡でも新劇場の開場が相ついだ。

明治三十七年十月十五日「川丈座」、続いて十一月十八日、懸案の「寿座」の開場となるのである。

寿座の新築落成

博多東中洲旧病院跡に新築中なりし三階造の劇場寿座は工事捗りて愈《いよいよ》落成を告げたり。同場敷地は縦廿《にじゅう》八間横廿一間即ち五百八十八坪、劇場は間口十二間半奥行き廿間にて、舞台の面積九十坪を要し、舞台の二階三階は俳優の部屋に充てたり。平場は桝数百三十、左右桟敷桝数合せて六十五、後方は畳十二枚敷、二階は左右及び舞台に面せる処《ところ》は後ろ上がりとし、梅松竹三段に区別して桝数七十あり。此桟敷が桟敷中の最上部とも云ふべく、欄干簾等頗《すこぶ》る美麗を極め其後方に二段あり、更に二段となり畳数五十四枚を敷き、三階は二階と同じく左右及び前面は後上がり二段にて畳数三十二枚、前面の後方に十七坪の運動場を設けたり。入場定員は千七百三十四名なるも場内充満するを許して算せば約三千人を入るるに足るべし。同建物は地上より棟迄直立九間半、大阪の劇場朝日座を模型に採り、之《これ》に改良を加へたるものなりと云ふ。其他□厠浴場等も夫々《それぞれ》成規によりて構造し、既に其筋の検査済となりたれば、来る十五日を以て上棟式を挙行する筈なるが、同日午前に式を終り午後は余興として今回同舞台初興行として呼下せる大阪若手俳優市川市蔵、黒谷市蔵合併座の歌舞伎三段ばかりを来賓に観覧せしむる由。初興行は全然昼芝居とし午前十時迄の入場者には景物を出すと云へり

（「福日」明治三十七年十一月十一日）

新劇場寿座上棟式

博多東中洲新築劇場寿座の上棟式は予期の如く昨日挙行せり。当日は朝来煙火を発揚して開会を報じ、株主其他は同場内外の整理装飾に奔走し準備全く成り、正午十二時煙火と共に博多音楽隊の吹奏につれ式を始めたり。来賓は掘警視、小野市助役、石村遠藤両県会議員、市内各団体有志者、九日〔九州日報〕並に本社員、同座株主並に関係人等約六百名、先づ松尾利平氏の挨拶、小野助役の祝辞、伴蜂籠氏の答辞ありて式を終り、来賓には折詰を饗し酒間、相生、中洲、柳町の各券番老小芸妓周旋し又余興として本日より開演すべき俳優の式三番引抜暗闇《だんまり》ご祝儀寿曽我の各幕を演じ無事舞台開きの式を終りたるが頗る《すこぶ》盛況なりし

（「福日」明治三十七年十一月十六日）

この寿座開場にいたる明治三十五〜三十七年頃のわが家の経済状態はどうであったか？　橋の向こうの畑地や中小路二十五番地の家も、三十二年八月野村久七氏の抵当に入ったのを手始めに、次々と抵当権が移されている。本業の畑地は殆ど人に貸していたらしいし、芋の問屋と風呂屋も既に廃業している。父たち夫婦に始めさせた履物屋も母に言わせれば「引き合わんことはなかとバッテン、売り上げのたまりゃあ、カツガツじいさんの興行のとい（ために）持ってテーテしまいなざるけん、商売になるもんかい」である。相当苦しいやりくりであったに違いない。

寿座の株式がどういうふうに募集されたかわからないが、本業の水商売で十分財を成し、副業的に相撲興行その他の事業に投資している寿座の幹部の人たちの中にとても対等に割り込めたとは思えない。が、今はもう頼るべき家業はなく、背水の陣的に興行一本になりかけている祖父だから、興行そのものには何かの形でかなり積極的に関係していたのだろう。柿落しの黒川市蔵、市川市蔵の芝居は、祖父と親しい大阪の女太夫元佐々木よねさん（通称およねさん）のものだし、その辺は初めに挙げた母の話の通りであろう。その後いつ寿座と手を切ったかわからないが、明治三十九年に与三郎叔父が亡くなった頃には、明治座を引き受けて大損をしていたというから、開場からそう遠い時期ではなかったろう。

なお長姉の話では寿座の中店をやっていたことがあるという、後に九州劇場から大博劇場までついて来た祖父の子分のような通称ウキシャン（本名卯吉）という人はその時に雇ったのが始まりで、そのほかに近所の筆屋（井上）のお千代シャンや知人の何とやらいう娘さんたちも手伝いに来ていたそうな。このお千代シャンも芝居のぼせで、明治四十一年に寿座に来た鴈治郎、玉七の「小笠原騒動」の「隼人か隼人か」「御分家様か」の声色をまねていた話はわが家では有名である。

そうすると明治四十一年頃、なお祖父が中店をやっていたのか、あるいは祖父が手を引いた後も引き続き手伝いに行っていたのか、もう一つはっきりしない。

明治座

寿座の次に祖父が大きく関わったのは明治座である。明治三十九（一九〇六）年十月三日、父の次弟である与三郎叔父が数え年十九歳の若さで亡くなった。

この頃が祖父の一番苦しい時であったらしい。明治座の興行を引き受けていてそれが大きな損であったという。叔父は帳簿を手伝っていたので、そのことがよくわかっていて、それを苦にしていたそうだが、叔父の死後何かの時に父がそのことに触れ、「よきシャン（叔父のこと）もそれば悔やみよった……」と言ったとかで、祖父と大喧嘩になり、何の関わりもない母が間に立って、畳に頭をすりつけて謝り、何とか無事におさまったと聞いている祖父が興行を引き受けた期間は明治三十九年の一年間だけだったろうと思われる。明治四十年三月には若松の藤井氏が五年間の契約で同座を借り受けている歓声 —— 寿座開場後しばらくは寿座の興行に付き合っていただろうから、その間と言えばこの一年間しか考えられない。

明治三十九年というのはどんな時代であったろうか。

『松竹七十年史』によれば「明治三十九年一月、大阪における松竹資本による最初の興行が、道頓堀の中座に開始された……出演俳優は中村鴈治郎〔初代〕を筆頭に、玉七、政治郎、延三郎〔実川・五代目〕、珊瑚郎、伝五郎〔中村・三代目〕、芝雀〔中村・四代目〕、吉三郎などの、鴈治郎一座である……松竹が中座をあけた頃は、日露戦争の勝利で日本中が好景気に沸きたっていた時だから興行は大当たりだった」とある。

好景気は九州も同じ、明治三十九年九月門司市「凱旋座」の舞台開きに鴈治郎・芝雀・延三郎・伝五郎・巌笑〔嵐〕の大一座が来演すれば、下関の「弁天座」では我当一座が蓋を開け、海峡を一つ隔てての競演が人気をあおるというふうである。「若松旭座」の藤井氏が博多に進出して四十年三月から明治座を借りうけるようになったのもこの好景気に乗ってのことであろう。

ところが祖父はこの一年で決定的な失敗をしてしまったのである。

明治三十九年一年間の明治座の興行は他座に比べて見劣りのするものではない。九年ぶりの片岡我当（後の〔十一代目〕仁左衛門）を迎えたり（八月）、博多には初めての松旭斎天一の奇術一座を入れたり（九月）、高砂連を請元にする中歌舞伎の長期興行という祖父独特の興行法で二回も大入りをするなど、見た目には賑やかで年間の興行日数もかなり充実しているのだが……。

これはわたし自身が後に劇場を手伝うようになって初めてわかったことであるが、この時の我当のようないわゆる大芝居は興行そのものとしては案外儲からないものである。相当の大入りで評判になったとしても、給金《しんしょう》其他のかかり〔経費〕で結構もって行かれてしまう。まして、六分・七分の入りとなると、足の出ることも多いのだが、それでも劇場全体としては何とか損にならないで済むというのは、いわゆる〝落ちもの〟と称するもの、座ぶとん、お茶火鉢、菓子弁当、中店の売り上げ等の雑収入がばかにならず、それが興行の損を補うことがしばしばである。だからもしその収入がないとすれば、まことにあぶない仕事……明治座の契約がどうであったか知らないが、おそらく分の悪い興行だけの小屋借りであったろう。それも芝居でガッチリ儲けることにより、たとえば鴈治郎のような自分の好きな大物を連れてくることに生き甲斐を感じていた祖父のことだから、九年ぶりの我当を呼ぶ時などはかなりの無理をしたに違いない。

具体的にどんな交渉があったか知るよしもないが、日露戦争前から沈滞してめぼしい大物の西下を見なかった九州に我当が来るということになれば、是が非でも自分の手で博多興行をと思った祖父の姿が想像できる（九月には鴈治郎が門司凱旋座に来ているが、これは舞台開きのための特別来演なので、手が出なかったのであろう)。

松旭斎天一は有名な女奇術師天勝を育てた人、アメリカにまで渡って新しい奇術で一時代を画した人だが、木戸場代合わせて一等七十銭という入場料もこの種のものとしては安くはない。後に二日日延べして一・二・三等の半額券を出しているのは大入りしたからか、半額にすることで打ち日の消化をはかったか、どうも後者の匂いが強い。

我当にしても天一にしても演劇史的には意味のある来演だが、こういうのが祖父の欠損の大物ではなかったろうか。

明治座を引き受ける直前と思われる明治三十八年の十二月、祖父は西門橋際の畑地を一千弐百円の代金で山本磯吉と半田忠次郎という人に売り渡している。おそらくはそれまでの興行による累積赤字の穴埋めと明治座運営の資金に充てられたものであろう。いわば背水の陣で明治座にかけたのであろうが、それは見事に裏切られ、更に中小路二十五番地の家も他の地所も手放してしまうことになった(家は初代与吉が、本家から分家をした時の家である)。多分与三郎叔父の亡くなった翌年くらいと思うが現在の三十番地の家は人に貸し、父母と姉の親子三人は一時、中小路を離れて万町(現・中央区天神・舞鶴)に移った。なお吉平叔父は父たちと一緒に万町に行ったので、そこから遠い呉服町の高等小学校に通うのをぼやいていたそうな。祖父は長女の嫁ぎ先「三浦屋」に移った。前にどうして万町の方に移ったか母に尋ねたことがあったが、「じいさんの失敗しなざったけんたい」という簡単な答えであった。

明治座はその後またいろいろな人の経営に変わった。前記の藤井虎吉氏は明治四十年三月から五カ年の契約ということになっているが、終わりははたしてどうなったか。「福日」紙上にあらわれた明治座関係の記事を一応挙げてみる。

自祝演芸会

博多東中洲明治座座付真鍋利平氏は同座の栄楽社時代より関係し、爾来二十五年間尽力し今日に及べるが、今回同座主其他の賛成を得て、右自祝演芸会を発企し明七日より四日間、石平組及び泉連の博多仁和加を開催する由

（明治四十年十月六日）

明治座の次興行

博多明治座は従来各興行は、同好連の募集株にて興行し居りしが今般直方寿座主平野が同座借受の相談纏まり修築の上来る七月の次興行より同人の手にて興行する事になりたりと。

（大正二〈一九一三〉年六月二十九日）

明治座の改良設備

博多東中洲劇場明治座にては今回使用継続許可ありたるを以て之と同時に諸般の改良をなし又場の内外道具其他にも修繕を加え近々花々しく開場する筈なるが右につき博多川丈座

主長尾を興行支配人となすことに協議纏まりたりと

（大正三年六月十三日）

博多洲中州明治座にては今回全然内部の組織を改め、人気を挽回することになりたるが其手始めとして同座立ち方一同請元となり今二十七日より改正舎一座浪花節芝居を開演する由。

（大正四年五月二十七日）

堀越福三郎博多興行

博多明治座は近く劇場建物を解く由にて右御名残興行として今月中旬頃東京名題堀越福三郎外市川宗家若手連の大一座を以て開演

（大正六年二月三日）

明治座最後の興行は三月二十八日から四月二日まで嵐巌笑・堀越福三郎で行われた（但し福三郎は病気のため三日目から出演）。

子安座落成式

粕屋郡宇美村に建築中の劇場子安座は愈々落成に付、来《きたる》三十日落成式を挙行する由、同座は元博多明治座を買受け改築せるものにて舞台道具類総て新調し面目を改めたりと。

（大正六年十一月二十五日）

明治座はこれで全く終りを告げた訳であるが、我が家と明治座の関係は祖父の欠損以来全く絶えていたという訳ではなく、その後も興行によっては交渉があったらしい。殊に九州劇場開場の頃、かなり深い付き合いになっていて、九州劇場開場にからむ利害の衝突もあるのだが、それは次の「九州劇場」の項に譲る。

九州劇場

日露戦争後の劇場新築の機運

「九州劇場」の開場は大正元（一九一二）年十月二十四日である。

当時福岡にあった劇場・寄席を設立の年代順に挙げると、「明治座」（明治三十六〈一九〇三〉年）、「川丈座」（同三十七年十月）、「寿座」（同三十七年十一月）、「相生座」（同四十三年六月）、「博多座」（同四十三年十一月）、「光明座」（大正元年九月）がある。

明治十六年以来、博多の代表的な劇場として栄えた教楽社は明治四十年四月頃までで興行は打切られ建物も解体され、その跡地には御供所尋常小学校が建てられた（明治四十一年十月開校）。雄鷹《ゆたか》座、舞鶴座の両寄席も明治四十二年頃から興行場としては通用しなくなり、「相生座」がこれに替った。相生座は戦争景気によって発展してきた花柳界の一つ、相生券番を背景に建てられたものである。
日露戦争開戦をはさんだ同じ時期に、明治座・川丈座、寿座が相ついで設立されたように、明治四十年から大正元年にかけて、相生座・博多座・光明座・九州劇場と四つの興行場が続いて設立された訳である。日露戦争による好景気の波の一つが、こういう形で福岡にも及んできたというのであろうか。
日露戦争が終って一年余り経った明治四十年一月元旦の「福日」に「昨年の福岡県」と題して左のような記事が見える。

……而《しか》も戦勝の余沢を受け、盛運に参するの程度は各県相異れるが中《うち》に、我が福岡県の如きは目下到る処石炭と農産物とに富み、漁業の利も亦《また》夥《かた》多なる上に、門司の要港は内、外船舶出入の関門として戦時殊に盛況を持続せる等、諸事有利の地位に在るが故に、県民は坐ながら不時の巨利を占め……戦役前に於て金融上多く阪神地方に対する借り方たりし本県が、一躍して貸方の位置に進みたるは……

そうは言っても庶民一般にひとしくその恩恵がいきわたった訳ではないが、いろいろの金持ちが生まれたことは間違いなく、殊に文中にもある、関門地方や筑豊地方には屈指の財産家が出来たようで、それが県下の劇場設立の状況にもよくあらわれている。

明治三十九年九月、門司に土地の有力者によって「凱旋座」が開場、その舞台開きに大阪から鴈治郎が迎えられ、ちょうどその頃九州入りしていたライバルの片岡我当が「下関弁天座」にあがり、競演と人気を沸かせた話もある。門司には続いて翌四十年五月「稲荷座」も開場した。

筑豊には明治四十年二月、麻生氏の手によって「春日座」、北九州八幡には四十二年一月、藤井昇吉氏による「旭座」の開場がある。

直方では平野伊三吉氏（後に明治座を引受けた人）が四十二年に火災焼失した「寿座」を再建し、四十四年二月に開場。従来の「日若座」と並び、久留米では「恵比寿座」が改築され、新しく「国分座」（明治四十三年）ができるなど、その他各地に活発な動きが見られる。

日本経済全体としては、その後必ずしも好景気続きとばかりは言えず、四十二年末頃には早くも消極政策が不景気の原因であるとか、物価低落、預金の利下げと、所謂《いわゆる》不景気の様相が見えている。

しかし福岡市では劇場新設の機運はなお高まり、市の発展計画と相まって設立案が具体化されていった。明治四十三年「博多座」の誕生もその一つである。

博多座の建てられた場所は、市の東部、昔の千代の松原東公園（現福岡県庁）の中である。後年の寂れ果てた博多座しか知らない我々には、どうしてあんなにさびしい所に劇場を建てたのかとふしぎに思われたものだが、実はこれは当時の福岡市の遠大な発展計画の青写真に沿って企画されたもので、発起者の一人である渡辺与八郎氏の博多電車開設事業と切り離せないものであった。

博多座は当初全くの新築ではなく、御供所小学校設置のため解体された教楽社を移転改築し、座名も教楽社とする計画であったという。結局は座名は博多座となり、外観も帝劇を模倣した洋館風になったが、こういう発足をしたところにこの劇場の性格が出ている。発起人は、藤野金作、渡辺与八郎、深見平次郎、野村久一郎、遠藤甚蔵、下沢善右エ門、太田勘太郎、石橋源四郎、藤野良造、剛運七、堺虎之助、長野嘉平、長尾文七の諸氏。博多の著名な商人を集めて、遊郭とか花柳界などの顔ぶれを除いているのが特色である。

新聞方面の後援もあったらしく、設立までの経過、開場後の紹介と他には比較にならぬ詳細な報道が掲載されている。あるいはかつて計画されて実現できなかった博多演劇会社（明治三十五年五月二十三、二十四日発表）〔五十三～五十七頁参照〕の構想の実現として受け取られたのかも知れない。

開場式に川上音二郎を迎えたことにも、従来の出方や中売り等内部機構の改良を企てたことにも、新しい劇場運営をしようというさかんな意図がうかがわれるが、渡辺与八郎氏の急死が博軌電車沿線開発の計画を挫折させるとともに、東公園地域の発展も遅れ、地の利の悪さが当初の期待を裏切り、次第に場末の小屋に落ちてゆくことになる。

渡辺与八郎氏は博多座だけでなく、博軌電車西部の新柳町方面にも劇場新築の意図を持っていたが、実現せずに終わった。

劇場新築計画　博多渡辺与八郎氏其他発企《ほっき》にて今回市外柳町大門《だいもん》前埋立地に九州座と称する劇場を新築せんと目下設計中なりといふ（「福日」明治四十三年七月十八日）

渡辺与八郎氏は博軌電車（博多電気軌道）開通の明治四十四年十月、ワイルス氏病で急死した。享年四十六。

演劇同好会「瓢々会」は、明治末期博多座に来演し（明治四十五年七月）明治帝崩御のため一旦帰京し、十二月再び九州入りした二代目市川左団次《さだんじ》を招き自由劇場の出しものを演じさせるなどの大活躍をしたが、この会の活動も、この博多演劇会社から博多座設立の主旨につながる一連の動きとして考えることができると思う。

九州劇場開場まで

こうして新しい劇場設立の機運の高まる中で、明治座失敗の後の祖父はどうしていたのだろうか。

前記渡辺与八郎氏の新柳町の「劇場新築」の記事に先立つ五カ月前、同じ「福日」紙上にもう一つ劇場「栄座」新築のことが報道されていて、その中に武田与吉の名前が出てくる。

劇場新築計画　博多上堅町中堅町の中間石堂川端の地を選定し新しい劇場を建設するの計画をなし一昨日迄に敷地の標杭を打ち昨日其筋に出願したり。座名は栄座と称し……発起者は吉田磯吉、池見辰次郎、小松貞吉、武田与吉、萩原竹吉の五氏にして起工を急ぎ居れり

（明治四十三年二月十三日）

許可が出なかったのか話がこわれたのか、結局は実現しなかったし、父たちからその話を聞いたこともなかったのでどこまで具体化したのかわからないが、「博多座」と同じく東部発展策を狙っての計画のように思われる。計画の内容から見ると主謀者は池見辰次郎氏のようである。

何れにしてもこの時期になると、明治座の失敗の始末もつき、万町に移っていた父たちも中小路に戻り、逼塞《ひっそく》状態であった祖父もどうやら興行の世界で立ち直れるようになっていたようだ。

両親が万町から中小路に帰ったのはいつのことかははっきりしないが、次姉が生まれた明治四十一年二月には万町にいたことは確かだが、四十四年五月にわたしが生まれたのは中小路だし、四十三年の福神流れの富士登山に祖父が参加した話も、別れて住んでいた時のことのようには思えないし、万町時代はせいぜい四十二年まででではなかったか？

明治43年、福神流れの富士登山記念写真

福神流れの富士登山／昨日午後出発

　山笠の代りに造り物をなし本年は意勢よく富士団体登山を試みんと意気込み居たりし博多店屋町《てんやまち》流《ながれ》連の計画は愈々事実となり、昨日午後一時四十分箱崎発上り列車にて出発したり。同行者中小路町総代吉住伊三郎氏を筆頭に総員四十二名、最年長者は魚町安川伊七氏の七十四歳、最年少者は筧正太郎氏の廿五歳、万緑中の紅を点じて衆目を惹き居たる女髪結のお蝶さんとやら、一行を見送る者は老若男女数百名、定刻約二時間前より箱崎神社境内に押懸けて大いに祖道の宴を張り、行く者、見送る者も争うて神の神籤《みくじ》を授かりては前途幸多かれと祈るらしく、列車フォームを離るるや各々万歳を呼応して停車場裡は時ならぬ陽気を呈せり。因に一行の旅行日数は約二十五日間の予定にしてその巡遊の順路大要左の如しと

（往路）箱崎発、岡山、神戸、大阪（二泊）、伊勢山田、富士登山、江島鎌倉、横浜、品川、東京（五泊）、仙台、松島
（帰路）宇都宮、日光、信州善光寺、木曽路を経て大垣、名古屋、大津、京都、大和（長谷、奈良）、高野山、紀州路を経て大阪、神戸より乗船、金比羅、宮島、箱崎帰着
（「福日」明治四十三年七月十二日）

さて博多座開場の明治四十三年頃には、こうした新聞紙面にあらわれた祖父たちの栄座や渡辺氏の九州座など、博軌電車沿線を目ざした劇場設立の動きとは別に、東中洲開発を目的とするもう一つの有力な劇場新築の動きが始まっていた。

それは東中洲の大地主許斐《このみ》友次郎氏を中心とするものである。それが新聞紙面にあらわれるのは明治四十四年十一月二十九日「松竹九州に手を延す」という記事からであるが、その文中に「去る七月中福岡市許斐友次郎氏の名義を以て出願中なりし劇場設置の件云々」とあるのを見ると、四十三年中、遅くとも四十四年の初めには劇場新築のことが協議されていたと考えなければならないだろう。

松竹《まつたけ》九州に手を延ばす　博多に九州劇場設置計画
現今興行界に於て疑問の人と目されたる京都松竹合名は九州に手を延ばすに至りたり。去

七月中福岡市許斐《このみ》友次郎氏の名義を以て出願中なりし劇場設置の件は愈々去廿二日付を以て其筋の許可を得《えた》り……右劇場は株式組織にて一株三千円十株に確定し大阪四分福岡六分の割にて大阪側は松竹合名会社及佐々木米《よね》各二株、福岡側は許斐友次郎、中尾卯作、熊谷玄旦の三氏二株の割合にて……右株主たる大阪佐々木は中《ちゆう》役者殆んど全部を一手に持てる者にて、今回大役者を持てる松竹と意気投合せる由なれば、同劇場大阪側持株先づ松竹の意に従ふべく松竹が九州に於ける活動の端緒は之により発芽すべきか……同劇場名称は多分「九州劇場」と確定さるべしと

（「福日」明治四十四年十一月二十九日）

許斐友次郎氏は、東中洲に広い地所を所有していた資産家で、劇場新築の目的は第一にその持地である東中洲の発展を期待してのことであったろう。

地元の株主としては許斐氏の外は中尾、熊谷の二名だけで少数の株主に限られているが、計画の実施に当たっては始め頃から祖父もかなり深く関わっていたのではないかと思われる節がある。その一つは株主の一人として挙げられている中尾卯作氏との関係である。

中尾氏は橋口町〔現・中央区天神〕の造り酒屋（「綾杉」）、「成巳屋」の当主で祖父の興行上の盟友生田卯左衛門さんとは同町内でかねがね親しい仲であった。造り酒屋の分限者《ぶげんしゃ》ドンの中尾さんが出資者にはなっても直接芝居のことで走り回ることはないから、多分興行に詳しい生田さんに何かと相談があったに違いない。それがまた祖父の出番のいと口になったものと思わ

れる。

　そしてもう一つ祖父の参加が考えられる拠り所は、この計画の大きな柱に松竹と佐々木よねと二人の太夫元の参加をおいた、その構想にある。

　劇場の建物そのものは好劇家有志の共同出資ででも建てることができるが、問題はその後のこと、適当な入れもの（劇団、芸人さん等）を見つけて、劇場を空家にしないように、常時維持運営をすること、これがなかなかむずかしい。「中役者殆ど全部を一手に持てる」佐々木よねと「大役者を持てる」松竹に目をつけた発想は、今までの博多の劇場にはないすぐれたもので、教楽社以来芝居一筋にいろいろの劇場に関係し、京阪の仕打連中とも交渉を続けてきた祖父の体験がこういう形をとらせたと思うのは無理であろうか。少なくとも対およねさん、対松竹の交渉には祖父が一役買ったに違いない（四十四年十二月二十七日の「福日」に「目下発起人中より二名上阪し、松竹合名会社及び佐々木と交渉を重ね……」とある二名のうちの一人は祖父であったかも知れない）。

　十一月二十九日の記事の見出しは「松竹九州に手を延す」となっていて、松竹の方が積極的に劇場設置を働きかけたような印象を受けるが、これはこのままに受け取る訳にはいかない。これは後の大博劇場設立の時と同じように、松竹自体よりもその頃松竹の社員となって巡業を受け持ち、九州にも積極的に乗り込んでいた山森三九郎氏の働きかけによるものではないかと思う。『松竹七十年史』明治四十二年の項に次のような記事がある。

……大阪の劇場経営にも順次成功してきたので、この年から、いままで京都市河原町蛸薬師上ルにあった松竹合名会社の外に、大阪市南区笠屋町三十六番地の、もと有名な大阪役者の中村宗十郎が住んだという家を買って、ここを白井の住宅兼大阪事務所とした。そして朝日座の勘定場にいた多田福太郎をはじめ、山森三九郎、玉木長之輔等が、最初の事務員となり、横綴じの大福帳を前に、中座や朝日座の経営に秘策を練った。……

但し山森氏が九州に入ったのは松竹の社員になる前からで、明治三十六年、片岡秀郎・嵐吉松郎・中村雁童一座を連れて六月、七月の二回にわたって来演、殊に二回目の時は技芸投票などで人気をあおり福博の評判になっている。この時は教楽社だったが、三十七年三月には明治座にも来ている。おそらく祖父とも顔なじみであったろう。

佐々木よねさんは「黒門のおよねさん」で通っている有名な女の仕打で、九州に入る目ぼしい歌舞伎の中芝居を一手に握っている。昭和二十三（一九四八）年十一月、大毎書房から発行された『喜劇一大男――曽我廼家五郎自伝』に、「和歌山の中村福円一座で滑稽勧進帳を演じて大当たりした話を、黒門のおよねさんで通っている佐々木よねさんという旅の仕打の家でたまたま来合わせた仕打の豊島利一さんに聞かれたのが、明治三十七年『浪花座』出演のキッカケになった」という意味のことが記されている。旅の仕打というのは、巡業専門の太夫元という意味である。

このおよねさんは祖父とは親交があり、祖父はおよねさんの芝居をよく扱かった。いわば、およねさんのお得意さんであるが、その嵐佳笑の芝居などでは随分儲けさせてもらったという。そういう関係でおよねさんとの交渉には当然祖父が当たったことと思う。

「黒門のおよねさん」の「黒門」というのは住んでいた場所らしい（現在家に残っている手紙の住所には南区高津拾番町と書いてあるが）、私が小学校の時祖父のお供で行ったときの家は、道頓堀に近い格子作りのしもたや風の家であった。

もともと幕内で小切れを扱う人のおかみさんだったということだが、面倒見のいい人で、亭主の死後も役者の世話をしているうちに巡業専門の仕打になったという話。祖父とはかなり前からのつきあいで、芝居を買いに上阪した時など佐々木さんの家に宿泊することもあったようだ。「九州劇場」の株の配当金を届ける役もしていたらしい。祖父が九州劇場の持ち株を手放した後は、およねさんも九州劇場を離れたらしい。

新聞記事中の「大阪佐々木は同地にて中役者殆ど全部を一手に持てるものにて今回は大役者を持てる松竹と意気投合せる由なれば……」ということは、このおよねさんと松竹の巡業を受けもっている山森さんとの間に、協定が成り立っていたということではあるまいか。

しかしこの最初の構想は崩れて、松竹は出資者には加わらず、およねさんだけが株主として残った。株の構成にも大分変更があり、予定より半年遅れた明治四十五年十月開場の運びとなるのだが、同年六月二十四日の「福日」に他の新築劇場「光明座」「大福座」と共にその概況が報道されている。

当時松竹は待望の東京進出に成功し、「新富座」「本郷座」を根城に「歌舞伎座」を陥落させる直前で、大谷さんが鋭意東京攻略に打込み、白井さんが京阪の本拠を固めるという役割につとめていた。専属の役者が多くなるにつれ、地方巡業のルートがほしいのは当然で、地方専門のおよねさんとの間にこういう話が出たということもまんざら無いことではあるまいが、おそらくは山森さんの提案で、松竹自身にはまだその提案を受け入れる余裕がなく、この場合は結局見送りになったのであろう。

「九州劇場」は本家茶屋を置くなど東京大阪の従来の芝居風を取り入れたが、表がかりはやはり博多座と同じく帝劇を意識した洋館風、二階の両側の一番前を仕切って貴賓席と名をつけたのも面白い。実際には招待席とでも言おうか、ただ（無料）のお客の入るところとして使われた。二階になったタダの客席だが、扉を開けて出入りするところだけが違っていた。名称も正式には博多では初めての「九州劇場」とつけられたが、一般には在来風に「九州座」と呼ばれていた。「九劇」という、しゃれた呼び名が使われるのはずっと後のことである。

九州劇場開場式

博多東中洲町九州劇場は予報の如く昨日上棟式を兼ね開場式を挙行したり、朝来数発の煙火を打揚げて開式当日を報じ、午後一時桟敷平場二階の各席共来賓場に充ち、舞台上には発起者関係者整列し、林為次郎氏先づ開式の辞を述べ、次で佐藤市長戸上医師其他の祝辞朗読ありて、池見辰次郎答辞を述べ終って林氏閉式を告げて緞帳を下し、式後宴会に移り、午後四時より余興として「式三番」「引抜暗闘」「高山彦九郎」「輝虎配膳」を演じたるが、内外の装飾整頓し来賓千余名にて頗る盛式なりし。因に本日の狂言は前「不動万吉　五幕」、中「高山彦九郎」、切「近江源氏先陣館」にて……

（「福日」大正元年十月二十五日）

柿落しに予定されていた尾上多見之助（のち三代目尾上多見蔵）の芝居は嵐佳笑、中村芝鶴〔二代目〕一座に変わった。佐々木よねさんの芝居で、株主としても残った佐々木よねさんはその後も多くの芝居を送り込んでいる。

さて、この九州劇場にからんで、わが家には二つのトラブルがあった。

一つは池見辰次郎氏を株主に誘ったこと。

本来は父の義兄にあたる三浦屋（青柳長吉）が一株持つ約束であったのが、間際になって断ってきた。その理由は新柳町への移転問題等苦しい問題があったと思うのだが、祖父としては大困り、その穴埋めを池見氏に頼んだという。母の話によればそのことを生田さんが残念がられて、資金のことなら成巳屋（中尾氏）に頼むなり何か方法はあったのにと言っておられたということだ。計画の中心が許斐、中尾というような堅実な資産家であったし、花柳界でも遊侠風な人は避けたい意向であったらしい。しかし一旦株主として参加されれば、開場式にも答辞を述べ、劇場前にも自分に贈られた花輪を並べるなど、華やかな行動をとられてもどうしようもなく、劇場としても迷惑な面があっただろうが、祖父としてもこれが後に九州劇場を離れる一つの原因ともなっているようだ。

もう一つは「明治座」の興行のこと。

九州劇場が柿落しで賑わっている時、明治座では九州初巡業の曲芸喜劇海老蔵鉄五郎翁家兄弟劇を開演しているが、客の入りが悪く、大分の損があった。そしてその興行の当事者が、何と祖父の身代わりを務めさせられた父であったからまことに妙な話である。これだけでなく、次の興行大井新太郎、丸山久雄の新演劇も父の損で、しかもその太夫元がこれも山田重助さん（後の大博劇場の株主の一人）の身代わりの息子の隆三さんであったとか。後に二人でそんな昔話をして苦笑していたというような話も聞いている。どうしてそんなことになったのかはっきりはわからないが、断片的に耳に挿んだことから推測してみると次のようなことになる。

若松の藤井虎吉氏が明治四十年三月から五年間の契約で明治座を借り受けたことは前に記したが、この頃にはその手も切れ、祖父もかなり興行を持ちこんでいるようで、殊にこの二つの興行などは祖父の責任になっていたのに、「九州劇場」開場準備に専念し息子〔父・米吉〕にまかせ切りで寄りつかなくなってしまった。おまけに不入りときたので明治座側がすっかり怒ってしまったのを息子の父が身代わりになって明治座に残り、損も負担、誠実に興行の結末をつけるまで働いたので、ようやく納得してくれたという訳である。この事件は祖父と父の仲をまたまた気まずいものにしたようである。

なお当時の上演記録を調べてみると、明治座側を怒らせた原因はほかにもあるようだ。それまでずっと明治座に入っていた熱海孤舟の新演劇を十二月の九州劇場に持っていったこと、十一月に明治座で損をした大井新太郎、丸山久雄の芝居を九州劇場の正月興行に入れたことなどもその原因ではあるまいか。

この二つとも山田重助さんの芝居のようで、十一月に明治座で不入りだった大井・丸山の芝居は、九州劇場の正月興行で大当たりをとっている。

この頃の父は何を生業にしていたのだろうか。

万町から中小路の今の場所に戻ってから、乾物商と煙草小売商を始めたようだ。のちには青物も扱って八百屋の領分も入ったが、この時分はまだ乾物と煙草だけで、かわたら祖父の興行の手伝いもしていたのだろう（何しろ会計と帳簿は「よきや」仕込みで確実なものだったから）。

なお乾物商を始めたのは、母の実家荒瀬の兄が乾物商をやっていた縁故であろう。煙草の方はそれまで専売局の仕事をしていた特権で小売人の指定を受けることができたからだと思う。

しかしこの明治座事件の後からだと思うが、父はきっぱり興行と手を切り、独立する決意を固めたらしい。さらに八百屋を兼ねることになり、市場から青物を仕入れて自分でも車力を引きながら、三浦屋や新三浦その他の得意先を廻り、店でも売らせることになった。それは確か長姉が女学校に入った年くらいまで続いている（本来の家業である作元と問屋はずっと前にやめているが、市場の株の方は当時もまだその後も持ち続けていた）。

開場初期の九州劇場

わが家としてはいろいろと波瀾含みの九州劇場の開場であったが、祖父としては初めての安定した興行活動の幕開きであったとも言える。

開場式では株主側を代表して答辞などを述べた池見さんであるが、許斐氏の計らいで実際の運営は殆ど祖父と生田さんに任されていたという。もっとも興行の請元の方は従来通り、その都度請元を調えていくというやり方らしく、必ずしも「九州劇場」株主とは限っていない。そういうふうに請元の組み合わせなどに動きがあるにしても、興行全体の運営調整は二人の手中にあり、内部の経営一切を委任されていたという。

直接の担当は生田さんが売店と座ぶとん、祖父がお茶小屋と本家茶屋及び賄いというふうに分担してはいたけれど、生田さんと祖父は全く性格が違いながら、まことに得がたい名コンビで、それが九州劇場成功の基であると言っても言い過ぎではあるまい。

本家茶屋の設けは博多では初めてで、正面に向かって左側の別棟の二階建てであった。奥の方は賄い（雑用宿）になっていて、初めはこの賄いといっしょに他の人にやらせていたのだが、間もなく投げ出してしまったのでその後を祖父が引き受けることになった。

六月二十四日の「福日」に「又中売一切を廃し茶屋を設け浴場化粧室等の設備をなし特種の

観客は之から札を買はずに劇場に出入りする事とし諸般改良式に便利を図るといふ」とあるが、中売りも廃止できなかったし、浴場化粧室の設備まではできなかったが、本家の上り口の大火鉢の廻りは芝居の行き帰りの常連のお客のたまり場になって、いつも華やかな芝居話しに賑わっていた。

しかしながらこの生田・武田の名コンビを以てしても、開場からしばらくは劇場維持もなかなか楽ではなかったようである。

九州劇場開場の明治四十五（大正元年）年という年は、新聞紙面によれば「日露戦争後の緊縮財政による不況のあと、反動的に膨張してきた経済の破綻が米価問題等の社会問題を誘い、再び引き締めにかからざるを得なくなってきた時期」でもある。おまけに七月には明治天皇の崩御があり、それからは諒闇《りようあん》の世になって世上一般沈滞に向かっていった。それにもかかわらず二つの劇場を設立し、二代目左団次の再演を迎え、川上音二郎追善を行うことのできた福岡の劇界の活況は日露戦争後の好景気の最後の余燼ともいうものだろうか。

翌大正二年になると、その余燼も消えたのか芝居はさっぱり振るわず、目につくものと言えば、九州劇場でも五月（二十九日から六月三日）の宗十郎〔沢村・七代目〕、宗之助〔沢村・初代〕、吉右衛門〔中村・初代〕一座と、九月（二十五日から十月六日）の嵐徳三郎一座〔五代目、のち五代目璃寛〕くらいのもの、一年間の大部分を熱海孤舟一座や大井、丸山一座の新演劇でつないでいる。

他の劇場でもわずかに五月（二十七日から六月六日）博多座の伊井蓉峰一座があるだけで、こちらの方は市川小団次など浪花節芝居（節劇）の長期開演が次第に目立ってくる。

さて、福岡ではこの年〔大正三年〕になると、昨年とはうって変わって興行界は俄に活気づき、東京から大阪から大物の来演となるのである。九州劇場には一月には松本幸四郎〔七代目〕が初の博多入り、四月には鴈治郎が福助〔中村・四代目〈高砂屋〉、のち三代目梅玉〕、魁車〔中村〕、梅玉〔中村・二代目〕などと四年ぶりに来演している。

大正三年四月十九日の「福日」に次の記事がある。

鴈治郎・梅玉の乗込

大阪歌舞伎役者中村鴈治郎、中村梅玉一座博多開演の事は既報せしところなるが右に就き昨日松竹の臼井《ママ》（「白井」の誤り）、山森来博したる結果愈々来る廿六日九州劇場に乗込み廿七日町廻りをなし廿八日より開演する事に決定したり右一座の九州興行は五年振にて今回一番目の狂言としては碧瑠璃園《へきるりえん》氏作「栗山大膳」を出し鴈治郎は大膳、福助は黒田右衛門之祐を勤むる由なり因《ちなみ》に一座重なる顔觸れ左の如し

鴈治郎、梅玉、福助、魁車、市蔵、寿三郎、福三郎、扇雀、福之助、箱とら、杜若、林左衛門、扇昇、成笑

鴈治郎の来演について、白井松次郎、山森三九郎の二人がわざわざ来博したということは当時の大阪松竹の事情を語っているようで面白い。九州劇場の出資には加わらなかったが、巡業の必要はだんだん多くなり、巡業担当の山森氏の地位も上がったであろうし、その巡業の拠点となる地方劇場の存在も重要なものになってくる。後に起こる大博劇場設立への方向を示すものがある。

続いて来た田村友之助も大阪松竹の実力者となった一人である。名古屋あたりでは興行界の沈滞を嘆いているこの年に福岡はどうしてこういう盛況をみせたのか、それについて大正三年七月二十日から八回にわたって「福日」に連載された「前半期の博多劇壇」（袖の浦人）では、次のように述べられている。

元来博多で大芝居を見るのは夏であった。夫《そ》れは何《ど》ういふ訳かといふに、中央に縁の遠い博多に来るに付ては、中央の隙《ひま》の時を見計らってやって来たものです。夫れで従来の大芝居は、随分暑い思ひをして見るのですが、近頃は必ずしも夏期を選んで来ると云ふ訳ではありません。兎に角東京大阪の芝居が、だんだんに踵《きびす》を接して博多に来るのを見れば、博多は茲《ここ》二、三年間に、一躍して西日本の芸道の中心となったやうにも思はれます。で博多といへば必ずしも博多を指したのではなく、私は何時も九州の劇壇と云ふ大きな背景を以て全部を語る代表として居ます。……

本年の芸界に尤も因縁を持つのは昭憲《せうけん》皇太后の崩御です。一度《ひとたび》諒闇《れうあん》の雲に覆はれた天地が、間もなく又復《また》いたいたしき諒闇の世となって、兎角陰気になりましたが、殊に京浜地方では秋の即位式、大礼を当て込んで色々準備をして待って居たのに、事柄は夫れに正反対になりましたから、此の色々の計画は残らず壊され、或る者は破産をしたり、或者は悲境に陥ったり、京阪地方の天地はこれが為め、全く顚覆されたと言ってよいのです。……

〔大正三年七月二十日〕

諒闇の影響から京阪地方では、芝居に結果を上げることが出来ないといふ有様で、松竹の方などは随分頭を痛めたらしい。東京に於てもそうです。帝劇や松竹関係の各大劇場に於ても、此影響は随分直接間接に受けたさうです。夫で成るべく諒闇の空気に薄い、九州方面……人口の多い富力の高い九州の方面に何うしても其鋒先を向けなければならなかった有様です。鴈治郎一派が、浪花座の大勢を率いて九州を練り廻ったのは、其の一つの証拠です。幸四郎の一派其他各芸人の顔が揃ったのも、多くは前の関係からであります。

〔大正三年七月二十一日〕

誠に言い得て妙、その通りだと思う。この後の東京歌舞伎座の炎上、大地震の時に同じような現象が見られるのである。なおこの年は芝居だけでなく、橘之助〔立花屋・音曲〕、円橘〔三遊亭・落語）、綾之助（竹本・女義太夫）などの寄席の人気者も相ついで九州入りしている。

こうして興行界は活気づいたが、九州劇場も幸四郎・鴈治郎という大物を迎えて劇場の体面は保ったが、営業的にはまだまだそれほどの黒字にはならなかったと思う。やはり戦争景気による好況時代を迎えてからのこと、大正四、五年頃からであろう。それまではまだたいしたこともなかったからこそ、生田・武田のコンビが全面的に経営を任されていても、他の関係者から羨望の苦情の出ることもなく、存分にコンビの妙味を発揮することができたのかも知れない。

そしてそのために創立期の経営の基礎が固まり、たまたま迎えた好況期に爆発的な飛躍をすることができたと思うのだが、だんだん景気が良くなってくると、このコンビの周囲にもいろいろの雑音が立ち始め、祖父のような気性には「ええウラメシカ」というようなことも多くなるのである。

大正四年も引き続き中央からの来演は多いが、この年から劇場は殆ど「九州劇場」一本にしぼられてくる。一月には松井須磨子の芸術座「復活」が九州劇場で公演された。

五月に幸四郎、梅幸（尾上・六代目）が「博多座」に入ったのは、巡業が重なっておそらく九州劇場で日取りの都合がつかなかったせいであろう。「寿座」はこの年の三月から島津鷺城が引き受けて活動常設館に転身しているし、「明治座」は適当な経営者を得ず、大芝居を受け入れる力は既にない。博多座は地の利が悪く、九州劇場は一本小屋の好条件に恵まれてきた。

五月には初めての博多入りをした歌右衛門（中村・五代目）の芝居も、松竹の手によるもので、五月十一日の「福日」に「……来る十五日頃初日にて開演すべく松竹の興行係山森は一昨日来博劇場と交渉中なりと」の記事がある。六月の小織《さおり》〔桂一郎〕、河合〔武雄〕も山森氏が連れて来たものではないかと思う。「福日」連載の「誓」を上演して大当たりをとったが、松竹は追っかけて七月は当時大阪で人気を得ていた山崎長之輔の連鎖劇〔劇中に映画の場面を挿入する劇。一九一三～一八年頃流行する。〕を連れてきて、また「誓」を上演している。

大正五年の九州劇場は、二月喜多村・貞奴、三月芸術座「サロメ」、五月尾上菊五郎〔六代目〕、六月実川延若〔二代目〕襲名興行、十月天勝「テムペスト」、十一月仁左衛門〔片岡〕、多見之助〔尾上〕と、大物の来演が続いた。

大正五年四月十三日の「福日」記事によると、

東西歌舞伎競争劇

来る五月二日初日にて博多九州劇場に於て開演すべき尾上菊五郎一行東京歌舞伎の向ふ張りてか、同月一日を初日とし松竹の手にて実川延二郎の延若《えんじゃく》改名劇を博多に於て開演の筈なるが、劇場は未定なるも多分明治座なるべく一座顔触れ左の如く……

実際には一月ずれてどちらも九州劇場に入ったが、菊五郎は市村座の役者だから松竹の手にかからず山田興行部、それに対抗しようとした松竹の意図がよくわかる。山田重助氏と祖父は新演劇系統の芝居でかなり以前からの取引き相手だから、この時点ではまだ山森さんの力でそれを押しやることはできなかったとみえる。

以上、全部九州劇場、この外に今まで寄席に来ていた女義太夫の人気者豊竹呂昇《ろしょう》もこの四月から、九州劇場に来るようになるし、大芝居以外の月も小芝居や演芸物がビッシリつまるようになり、年内の興行日数もずっと増えているようだ。

大正六年ともなれば、中央劇団の来演はますます多くなり、松竹専属になった文楽の連中が従来の寄席出演から劇場出演と大規模になったことなどが目につく。

志賀廼家淡海《しがのやたんかい》が「九州劇場」に初めて来たのは、大正二年四月であったが、喜劇とし人気を高めてきたのは、この年十月の来演からであろう。その後人気上昇、大正八年十一月には松竹に認められて専属劇団となる。

「明治座」は三月の嵐巌笑、堀越福三郎〈のち市川三升、没後十代目市川団十郎追贈〉の芝居を最後に解体された。

この年あたりから地廻りの小芝居も活況を見せはじめ、中央劇団の西下のない月でも劇場の空く時は少なく、しかも相当の利益をあげるようになってきた。世人の注目も自然と集まり、新劇場建設への要望や新たな投資の対象についての興味やら話題の種にもなってくる。劇場関係者の中にも、今までの生田・武田コンビ一任では飽き足らず、積極的に興行の主導権を握ろうと望む者が出てくるのは当然のことである。

雑誌「新演藝」（大正５年４月１日第壹巻）に「博多の劇場」として左頁とともに掲載。上・九州劇場、下・右より「九州劇場支配人池見辰二郎氏、博多座目下の借受人石橋七平氏、明治座々員石丸勝平氏」とある

（上）東公園の博多座、（下）東中州町の明治座」として、人物は上より「明治座持主の一人県会議員大神太郎助氏、福岡好劇家瓢々會幹事福岡日日新聞社員竹田秋樓氏、飄々会九州電燈鉄道会社支配人川津龜治氏、飄々会々員千葉滋殖氏、同野村青次郎氏」とある

佐々木よねさんはもとより松竹も、それに九州興行界の実力者山田興行部も祖父の地盤で動きはないが、幸四郎を動かしている掘興行部など東京畠のものは、祖父とは別の手で入ったらしいし、この年の五月に開演した桃中軒立雲などにはっきりと池見辰次郎後援となっている。おそらく池見さんを中心とする反対勢力との間に日取りの争奪など面倒なことも起ってきたことであろう。

池見さんの出番が多くなるにつれて、その配下とも言える博多で名の知れた遊び人の出入りも多くなり、祖父たちにとっては頭痛の種になってきたらしい。

大博劇場

大博劇場設立まで

大正八（一九一九）年、母が大病をしたので乾物屋と八百屋は廃業、煙草屋だけになり、父は本家の仕事に専念するようになった。祖父の妹で未亡人の稲永の大叔母が長女およさんと共に本家に住み込んでくれていたし、帳場は父というふうに、初めて身内の者が水入らずで祖父を助けるようになった。祖父の一番いい時代であろう。

この年八月九日「福日」紙上に大博劇場新築の具体案が報道された。欧米視察から帰国した山森氏との間に急速に話が進んだものである。記事中には「同劇場株には松竹合名会社も割り込み」とあるが、これははじめから山森さん対祖父と生田さんの間で起こった話であるが、結局は生田さんは脱会された。

続いて大正九年二月、さらに詳細な「大博劇場」設計について報告されたが、今度の出資は祖父の名義ではなく、すべて父米吉になっていた。祖父は九州劇場の株を捨てる気になれず、それはそれで持ちながら、さらに父の名義でもっと自分たちの自由になる劇場を持ちたかったのではないかと思う。今度の計画の大綱を見ると、かつて九州劇場設立に当たって描かれた構想の実現という印象である。

三月九日の「福日」によれば、大株主の許斐氏自身、東中洲の他の持地の中にもう一つ劇場設立ということが噂される状況の中だから、祖父たちがもう一つの劇場を持つこともさほど抵抗のあることではなかったようで、この計画が公表された後も引き続き九州劇場の経営に加わっていたし、本家茶屋もそのままで別に支障はなかったようである。

大正八年八月十二日の記事には「来る九月工事に着し、明年一月には花々しく柿葺落興行の蓋を開くる予定にて……」とあるが、実際にはようやく大正九年二月二十八日建設許可の出願書を出す運びになった。

着工も予定より遅れたが建築も急ぎに急いで、やっと十二月十二日の開場式となり、最初の予定（大正八年一月興行開場）よりも約一カ年遅れてしまった。大戦景気の下降を見越して山森氏は一日でも早くと焦っていたのに、この一年の遅れは大きい。そしてどうやらこの時の焦りがつい無理な行動となり、それが後に山森氏の松竹を失脚する遠因の一つにもなったという。（山森氏失脚の後、松竹の出張員として在福した平信次氏の話によれば、大正八年三月欧米劇界の視察に行った際、同行の白井信太郎氏が旅先で病気になったので本来ならば帰国を延期して世話をしなければならなかったのを、大博劇場のことがあるため、信太郎氏を残したまま先に帰国してしまった。そのことから白井松次郎氏の信頼を失ってしまったのだという）。

もともと松竹が山森氏を迎えたのは、その巡業の手腕を買ったというだけでなく、将来恐るべきライバルとなる人物だから、いわば虎を野に放つことを恐れて、その傘下内におさめたもので、松竹の名のもとに存分に腕を揮わせるが、それはどこまでも山森氏の責任に於てのことで、山森氏の行動がそのまま松竹の責任になるようなことは許さない。山森氏もまたそれを承知の上で、松竹の名を存分に利用して自分のやりたい仕事をする、というような関係であったようだ。

大博劇場の仕組にもそれはよくあらわれている。出願人は山森三九郎個人であり、委任を受けたのは武田米吉。白井松次郎氏は一人の出資者に過ぎず、松竹の名はどこにもない。にもかかわらず世間が松竹の運営だと受け取るような宣伝がされているのである。

開場式の番付の御案内の欄に次のような説明がある。

「当劇場は白井松次郎、武田米吉、青柳長吉、青柳アサ、山田重助、山森三九郎六名の合資で劇場経営に当り、此度新築落成いたしました。興行経営は松竹合名会社に一任してあります」

山森氏が大博劇場の設立で一つの負数を負うように、祖父もまた長い間の名コンビ生田さんと袂を分かつという大きな負数を背負ってしまった。

生田さんがこの仲間から抜けたのはいつかはっきりわからないが、少なくとも大正八年八月九日の記事の出る当時にはまだ居られたのである。何故なら「大博」の名は生田さんの発案によるものだというから。単純に大阪と博多の合資によるというところから出たのだが、大博劇場が発足してみるとそういうふうに受け取る者はなく、「大博多」の略称として定着したのだかから面白い（その後も大博通り、大博商会、大博何何などと「大博」の名をつけるものが続出する）。

おそらく山森氏が帰朝して、話が具体的な詰めになっていく段階で、山森氏と生田さんの間に大きな意見の違いが出たのであろう。

祖父と生田さんとが得難い盟友であったことは「九州劇場」の項にも記したが、その性格は非常に違い、その違いゆえにお互いの欠点を補い合う二人のコンビが、絶妙の効果を挙げてきたものらしい。

祖父の最も苦手とする対社会的な応対に長じ、向上意欲も強く物事の合理的な詰めに堅実な生田さん。興行に対する目の確かさ、反応の早さ、時には前後矛盾する難もあるけれど人に好かれる愛嬌のある祖父の人柄。それが芝居、興行というものを媒体に、堅い信頼関係を保ってきたのだから面白い。

大博劇場設立の話も、勿論生田さんと一緒ということを前提に始まったに違いない。この計画が正式に発足した時、同時に途中で抜けた者は違約金（一万円）を支払うことが決まったが、それを言い出したのは誰あろう生田さん自身であった。九州劇場設立の時、青柳が間際になって取り止めにしたため混乱が起こったことなどが頭にあって、それを防ぐために用心深く提案されたものだろうが、結果としては生田さん自身がそれを支払われることになったものである。

さて、この生田さんと山森氏の間にどんな意見の違いが出てきたのだろうか。

それにはまず大博劇場の他に類例を見ない特殊の仕組みから考えてみなければならない。

大正八年八月九日、「福岡市の新劇場大博座の新築」の記事によれば、

愈々《いよいよ》博多上東町《かみひがしまち》〈現・博多区上呉服町〉に「大博座《たいはくざ》」と命名せる最も現代的劇場新築さるる事となれり。敷地の位置は東町福博電車線より南に約半町ほど上り水茶屋側の地を相《そう》し、資本金二十万円の株式会社を創立し一株四万円五株となし既に満株となり居れり……

同劇場株には松竹《まったけ》合名会社も割込み、同所に専属する東京大阪の新旧俳優の九州興行は近年最も利益を揚げ居《を》るも、劇場の自由にならぬ興行の為《ため》興行も兎角渋り勝ちとなりたるが、竣工の暁は同社の専属俳優は続々同社に出演するに至るべし……

また、いよいよ具体化した翌九年二月二十九日「大博劇場設計」には次のように書かれている。

予て博多上東町《かみひがしまち》より上魚町《かみうおのまち》〔現・博多区上呉服町〕地内に松竹《まつたけ》合名会社が大劇場を建設すべく、敷地の買収に着手したるは既報せしが、愈《いよいよ》敷地買収及び隣地の承諾を得、昨日福岡署に各設計仕様書を添へ建設許可の出願署を差出したるが……劇場を「大博劇場」と命名し大阪南区日本橋筋一丁目山森三九郎氏が出願人にて中小路町の武田米吉氏が総ての委任を引受け……

右の文中には「愈敷地買収」ができたように記されているが、買収したのはその一部、後に本家茶屋と宿舎「梅の間」の建てられた七十坪ばかりの土地と蓮池側の出入り口になった一軒の民家だけで、大部分は仲間のよきや本店、野村久《ひさし》氏からの借地であった。

この二つの記事を比べてみると、前の方には「同劇場株」には「松竹合名会社も割込み」とあったのが、後者では「松竹合名会社が大劇場を建設すべく敷地の買収に着手したるは既報せしが……」に替わっていく。この二つの記事の間に生田さん脱退のことがあり、山森氏のワンマン主導型が強くなったと思われる。そしてその山森氏の意志、行動はすべて松竹の名で受け取られ、山森氏もまたそのようにふるまったようだ。

なお、『松竹七十年史』には「大博劇場」設立に関して次のように述べられている。

九州の演劇の淵叢《えんそう》である大博劇場は、博多進出を計画した故白井会長に地元から武田米吉、青柳長吉、青柳アサ、山田重助、山森三九郎の諸氏が参加し、匿名組合を組織して大正九年十二月に竣工、社長には白井会長が就任した。


右の中で正しいのは六人の株主名と匿名組合という事実だけ。白井会長の社長就任は全くの誤りで、博多進出の主体も白井会長ではなく、外交部長という名の巡業の主権者山森三九郎氏であり、この『松竹七十年史』が編纂された昭和三十九（一九六四）年頃の状況から考えれば、白井会長が社長就任したと推測されたのも無理ではないと言えよう。

白井松次郎氏は社長としてではなく、山森三九郎や他の人と同じ個人の資格で名を連ねている。また、興行経営は松竹合名会社に一任していると言っても、松竹との間にはっきりした契約を結んだという訳ではなく、松竹の社員である山森氏が劇場に入れるものの責任を持つということに過ぎない。

株主のうち、両青柳は武田の親戚で別に家業があるので、単なる出資者であるが、山田重助氏は地方興行師としての実力者、自分の劇団も持っている太夫元だから、自分の関係の興行ものを「大博劇場」に入れることが、その出資の大きな目的であったろう。祖父とは九州劇場以前からの長い付き合いで、九州劇場設立の初めの構想「大物は松竹、小物は佐々木よねさんによる」の佐々木（およねさん）に当たるのが今度の山田重助氏である。

九州劇場の時は地元財界の許斐氏を中心にしっかりした株式組織になっていたが、今度の場合はいかに少数の株主で互いの信頼はあると言っても文字通り「六名の合資で経営に当たる」というだけの匿名組合である。まあ、これでよく成立したものと不思議にさえ思われる。

こういう匿名組合であるためか、建設許可の出願人も山森氏個人になっており、その山森氏が福岡在住でないため、福岡在住の父がすべての委任を引き受けたことになっている。興行願もその都度、興行主の山森三九郎が管理人としての父の名で出願することになっている。後には父の名だけでよかったらしいが、正式の書類が山森三九郎となっているので、山森氏の死後、保安課からそのことを指摘されて、名義変更のため山森氏の遺族に交渉するやら面倒なことが起こった。それ以後、正式に武田米吉外四名となり、武田米吉が代表者ということになったものである。但し、電話、売店、煙草の名義一切は、開場以来武田米吉個人の名義になったままであった。

母の話によれば、設立準備の段階で生田さんと山森さんとの間に意見の衝突があり、その時山森さんが「武田さんの名は社長（白井松次郎氏）もよく知っているが、生田さんなんて知っていない」と言ったとかで、それを聞いた息子さんたち、殊に三男の源三郎さんが「そんな松竹の番頭ぐらいにバカにされてまですることはいらん」と怒られて止めになったということである。

生田さんの脱退の原因は、悪くすると山森氏一人の劇場のようになりかねない、この組織の曖昧さに対する不信感があったのではあるまいか。その上にそういう不確かなものに、せっかく九州劇場で得た利益を投資するという祖父の興行狂いも、我が家で様々なトラブルを起こしてきているが、生田さんの場合もそのために妻子にかけてきた苦労はかなりのものがあったようだ。

同じ興行師の山田氏は別として、地元出資者の祖父にしても青柳にしても、面倒なことは山森氏任せというふうで、生田さんと歩調を合わせて、山森氏を牽制することなどとてもできそうにはない。それにまた生田・武田と二人のコンビであった時と違い、我が家の親戚が二人も関わるとなると、そちらの圧力も大きくなって、阿吽《あうん》の呼吸も乱れてくる。

加えて予想される景気の下降、九州劇場の大株主許斐氏の中洲の地所を借りて息子さん名義で開業していた菓子店経営のこと等々、そういうことの重なりが自分で言い出した違約金を払ってでも脱退する決意となったのではあるまいか。

この違約金については、それは余り気の毒だというので、せめて我が家の取り分だけでも返そうと、父が返しに行ったのだが、それは受け取られず「家《うち》の者に芝居だけは見せちゃんない」ということでおさまったという。

この組織の曖昧さは、やはり後に様々な禍根を残した。後の山森氏の失脚、不景気の到来と悪条件が重なるにつれ、それは管理人として名を出し、劇場の仕事にドップリ浸かってしまっ

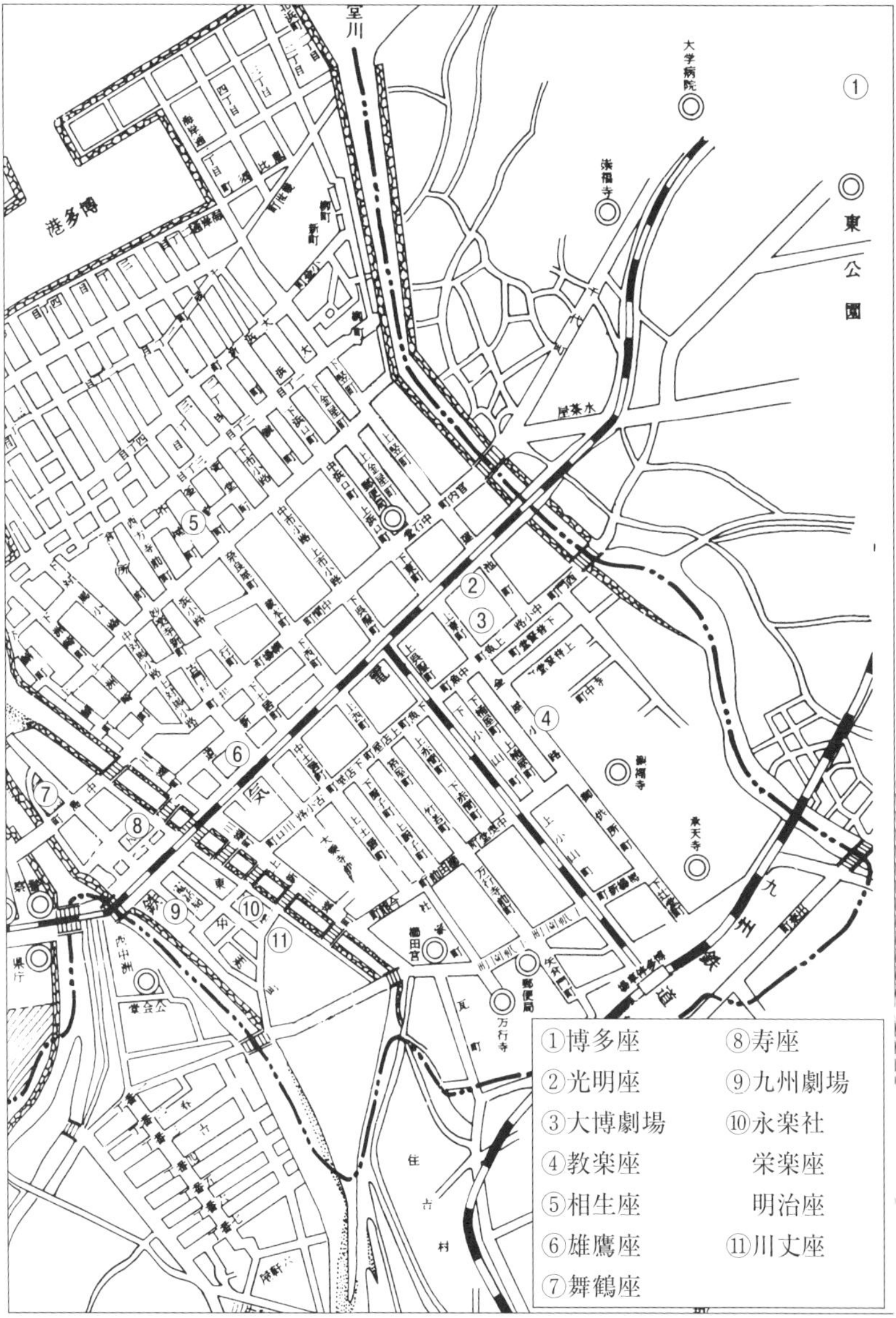

明治、大正、昭和初期の福岡市の劇場（井上精三『川上音二郎の生涯』葦書房、1985年の「博多劇場配置図」より本書に登場する劇場を記す）

た父の肩にずっと重くのしかかってくるのだが、こうした問題をはらみながらも大正九年十二月、ようよう開業にこぎつけ、開業後二年ばかりは予想以上の好況にわき立ったのである。

開場当時の大博劇場

開場前後の「福日」の報道を見てみる。

板囲いを取った大博劇場、明十二日開場式／新味を加へた内外設備

博多上東町に今夏来新築中の大博劇場は、此程竣工し明十二日午後三時開場式挙行し、千三百余名を招待する筈なるが、位置は福博電車東町停留所より南二十間に当り、本館間口十八間表五階建セセッション式建築にして、総坪数千四百余坪本館建坪《たてつぼ》四百二十余坪、別棟本家案内所二階建約七十坪、合宿所同百二十五坪に達し、表正面右側を札売場とし、入場者は表にて下足を預け帰りは地下室にて下足を受取り屋外に出る順序にて、桟敷二人詰貴賓室は和式二、洋式一、二階向ふは雛壇となり、三階座席は一段に開放して無料集会所と階上には売店、運動場、喫煙所、芸妓休憩所等を設け、化粧室には子供寝台、洗面所あり。各廊下は幅一間とし所々長椅子を並べ、屋上には広き運動場《うんどうぜう》を取り居れり。売店の値段は市価同様の標準とし洋食、日本食、鮨、鳥丼等市内料理店より出店を出す筈なるが、舞台は五十七尺奥行五十六尺十文字下二十尺に達し二重三角飾《かくかざり》の廻り舞台とし、常足家台

完成した大博劇場

道具三間を自在に上下する仕掛にて奈落のせり上げは縦横一間のもの二箇所に設け、大道具棟梁は前崎庄太郎其任に当り居れるが、同劇場の特色は入場料に蒲団、火鉢、下足代を含め食事の外出金《ほかしゅっきん》を要せず、中央上場桟敷は取外し設備ありてコンクリート叩きなれば、相撲場、水芸場に適し、優に二千余名を容るべしと

（大正九〈一九二〇〉年十二月十一日）

セセッション式というのは正確にどういうものかわからないが、大博劇場の建物は写真のように正面だけは木造モルタル塗り、その後の平場座席上、舞台にかけては木造スレート葺きであった。ただ正面のモルタル塗りのセメントが非常に厚く丈夫だった

ので、一見鉄筋コンクリートのように見えた。

合宿所は「梅の間」「竹の間」と呼んでいた建物で俳優の宿舎だが、「竹の間」は舞台の奥、蓮池町の出入口に続く。「梅の間」は本家茶屋の奥にある一応玄関もついた二階建、上等の方、「竹の間」は後に物置になったが、「梅の間」はずっと宿舎として使用された。

地下室の下足場は大博劇場名物。常時の入口は左右階段の下にあったが、芝居がはねる頃になると正面入口の広い板の間のゴザがあげられ、板敷が大きく左右に開かれて地下室からの広い階段があらわれ、多勢の観客がドッとはきだされる仕組みになっていた。

「三階座席は一般に開放して無料集会所」、この意味がよくわからないが、おそらくこれは三階席の左右にあった割に広い板張りの空間を指しているのではなかろうか。ここには「湖月」のうどんやがあったこともある。大入りの時にはここにもお客が詰めかけた。

運動場は正面モルタル塗り二階の上を屋上庭園のようにしてお稲荷さんを祀り、植木などもおき、散歩ができることになっていたが、建築の手抜きで雨漏りがひどく、間もなく廃止されてしまった。

廻り舞台が蛇の目回し〔大小二重の廻り舞台〕になっているのも特色である。

中央上場桟敷の取外し設備は右団次〔市川・二代目〕の水芸「鯉つかみ」などの水槽にもなり、歌劇の時のオーケストラボックスにもなった。

大博劇場の開場時に作成された絵はがき。「大博劇場の写真とともに3枚組みであった。上、左より「中村扇雀、嵐珏蔵、中村福太郎」下、左より「中村福太郎、市川莚蔵、中村小福」

大博劇場開場式

博多に新築落成したる大博劇場開場式は昨十二日午後四時開式、緞帳を切て落し舞台上に武田、山田、山森、両青柳、向井の株主諸氏紋付袴にて居並び、山森氏株主を代表して開会の辞を兼ね同劇場施設の要点特色を述べ、出演俳優の紹介をなし、次に久世市長祝辞、池見辰次郎氏の演説、松竹合名会社代表の祝辞等ありて閉式余興演芸に移り新しき木の香高き檜舞台にて中村扇雀〈中村、のち二代目鴈治郎〉一座の「寿式三番叟御見得暗闘《だんまり》」を始め「木村長門堪忍袋」「梶原平三試名剣」等何れも好評を博したるが、表入口前には多数花輪を並べ、積樽人気幟を立て、電灯装飾を施し、一方二階三階にては売店を開放し関東煮、鳥飯、うどん、汁粉、麦酒等立食賑やかに来賓一千余名に達し頗る盛況を呈したり

（大正九年十二月十三日）

「向井氏」とあるのは白井の誤り、白井松次郎氏のことである。「山森氏株主を代表して……」の他に「松竹合名社代表者の祝辞」とあるのも大博劇場の仕組みをよく表している。白井松次郎氏は株主の一人であり、松竹合名社は祝辞を述べる側であり、その祝辞を述べたのが白井氏であったとしても、それは大博劇場社長としての挨拶ではない訳である。

さらに、大正十一年十二月二十五日の「『新学説を聞く満場の聴衆』博多大博劇場に於けるア教授通俗講演会」〈アインシュタイン講演会〉という見出しの写真に劇場内部の説明あり。

正面手摺りと窓の間に廊下の広さくらいの通路がある。大入りの時はここも立ち見の人でいっぱいになった。

このコーナーは割合に広い桟敷。東側の同じ場所にたしか「湖月」のうどんやがあった。三階は常は御簾が下がっている。

柿葺落し芝居／扇雀一座の青年歌舞伎／初日の大博劇場

△御目見得狂言
寿式三番叟、お目見得だんまり、木村長門守堪忍袋、石切梶原、四つの袖、妹背山道行

△配役
金剛太郎、景時、手代清吉、お三輪（扇雀）、信貴輝秀、俣野五郎、求め（珏蔵）、大峯夜叉姫、嫁こずえ、嫁おきく、橘姫（福太郎）、愛宕四郎、酒井左エ門、大場景近（莚蔵）、摩耶十郎、木村重成、船頭三蔵（秀郎）

（大正九年十二月十五日）

△大博劇場第二の替
博多大博劇場の扇雀秀郎青年歌舞伎は御目見得狂言にて好人気を博し、年末にも拘らず連日盛況続きなるが、今十七日の二の替は浪六作『三日月』五幕、『近江源氏先陣館』陣屋一幕、『恋飛脚大和往來』封印切一幕、『鞘當』一幕にて、秀郎は次郎吉、扇雀は雁次郎を若

くした様な盛綱と忠兵衛とに扮し、其他主なる配役次の如し
酒井若狭守、盛綱、忠兵衛、太鼓持扇八（扇雀）小車源次、和田兵衛、名古屋山三（珏蔵）、篝火、櫻川（福太郎）、白須甲斐守、注進藤太、禿（小福）、愛妾お玉、おゐん（鴈秾）、古澤検校、竹下孫八、不破（右治丸）、微妙（璃之助）、田原大角（右田三郎）、白須寛竹、おくら、縫坂小十郎、（寛右衛門）、前田土佐守、原田一郎、古郡新左衛門（多賀雄）、女房おきく、早瀬（卯之助）、不動山秀五郎、治右衛門（莚蔵）、三日月次郎吉、北條時武、八右衛門（秀郎）
（大正九年十二月十七日）

開場当時の劇場内部

開場興行の番付の中に一頁「御案内」が付記されているが、劇場の構造・経営の方法その他、簡単ながら当時の様子をよく表しているので、それを引用しながら記憶を確かめることにする。

○「当劇場は白井松次郎・武田米吉・青柳長吉・青柳アサ・山田重助・山森三九郎六名の合資で劇場経営に当り、此度新築落成いたしました。興行経営は松竹合名社に一任いたしております」

これについては前にも述べたが、問題は「……六名の合資で劇場経営に当り」ということの

御案内

□當劇場は白井松次郎、武田米吉、青柳長吉、青柳アサ、山田重助、山森三九郎六名の合資で劇場經營に當り、此度新築落成いたしました。興行經營は松竹合名社に一任してあります。

□喫煙室は階下から三階まで各所に設けてあります。

□化粧室は西洋式にいたしました、一寸衣類のお換などに、日本式の處も拵らへてあります。お子供衆の寢搖も置いてあります。又別に花柳界の御方の御召換等の爲、各券番占有の座敷も設けてあります。

□場内には皆様御使用の傳言板をはじめ、其他の便宜を計つてあります。開幕の五分前には電鈴が場内一般に響く設備になつて居ります。

□觀覽席も在來の四人詰一點張を改めて、二人詰四人詰六人詰の三種に致しました他に貸切貴賓室（日本式、西洋式）もあります。

□在來の習慣を改めて、下足座蒲團料は入場料に含め、別に申受けません。又本案内所より入場の方は火鉢案内料とも一人金拾五錢より廿錢とし、興行の都度之を定めて申受けます。

□案内女給仕には祝儀は一切お斷り申します。特に御惠與の場合には一組金三十錢宛以下と云ふことに願ひ上げます。

□飲食物について申上げますと、洋食は共進亭、日本食とすしは征卷、各食堂に出張して居ります。親子丼は三浦屋、うどん、しる粉は湖月、其他菓子、果物等も一切市價同様にし、新鮮で、調味には一層吟味し、毎日賣品は下調がしてありますから御安心下さい。

□御歸りの時、本案案内所から入場のお方は女給仕が特に其場所を御注意申上げます、一般入場の御方は地下室で下足をお受取になつて、夫へお出になることになつて居ります。

□御携帶品預所が本案案内所入口に設けてあります。棧敷へお入りの方は其處に網棚が設けてございますから、之を御使用下さい。

□觀覽券は、興行の都度、御希望によつて、前賣券を發行致します。

福岡市博多東町　大博劇場　電話二三〇五番

開場興行の番付（右、表紙）と「御案内」（櫛田神社蔵）

内容である。日常の運営については後に記すが、山森さんが経営の中心になり、ワンマン的に事を運ぶ経営になったことは間違いない。興行はもとより、新しく雇い入れる者の審査からお茶子さんの教育から八面六臂の働きで、開場の時など袴姿で壮士のようないかつい髭を生やした山森さんが場内のあちらこちらをとび廻っていた様子がはっきりと目に残っている。

売店には当時福岡には珍しい役者の定紋入りの様々な小間物（東京・大阪の劇場の売店にあるようなもの）が飾られていたが、これは山森さんの仕入れによるものだという。

○「喫煙室は階下から三階まで、各所に設けてあります」

客席以外の空間の広いことも大博劇場の特色の一つであった。木戸を入った正面の板張りは中央を開いて終演の後、地下室からの出口になる関係もあって十分の広さがあり、ピアノを飾り、長椅子を置き、冬場には木戸の傍に大火鉢も置かれて、常連の好劇家の恰好のたまり場にもなった。

第二のたまり場は売店の前、ここにも長椅子火鉢の設備があり、形ばかりではあるが、先に述べた役者の定紋入りの小間物の陳列もあり、ブロマイドもあり、幕間《まくあい》ごとに賑やかであった。

もう一つの大博劇場の特色は左右の廊下である。初めて見た時の印象は「仮名屋小梅の芝居のごとある」である。これより先、大正九年七月河合武雄が九州劇場で「仮名屋小梅」を上演した（「白鳥の唄」の二の替りとして）。その序幕が芝居の桟敷裏の廊下になっていたが、綺麗な芸妓やお客が桟敷の襖を開けたりして出入りするのが珍しく、「東京の芝居どこってきれいだなあ」と思ったが、今見る大博劇場の廊下には窓際に肘つきの長椅子がズラリと並んでいて、窓の外の手洗所との間には狭いながらも植え込みのある中庭があり、桟敷の襖の新しいせいもあって、あの舞台での東京の芝居どこ（劇場）そっくりに思えた。九州劇場も桟敷裏の廊下はあったが、ただ通り路というだけの狭いものだったし、何の風情もなかった。

なお、この中庭には暑い時にはしかけで雨を降らせるようになっていて、盛夏時にはお客さんを驚かせたり喜ばせたりしたものである。

○「化粧室は西洋式にいたしました。一寸衣類の着換などに、日本式の処も拵らへてあります。お子供衆の寝台も置いてあります。又別に花柳界の御方の御召換等の為、各券番占有の座敷も設けてあります」

化粧室は舞台に向かって右側の婦人便所の横に続いていて、洋風の洗面所にベビーベッドが備えてあり、二畳ばかりの畳敷の場所もあった（但しこれは後には婦人便所に改造された）。花柳界のための座敷は四券番《しばんけん》と呼ばれ、正面二階モルタル塗りの左側の一画に事務所と並んであったのだが、屋上運動場のコンクリートが手ぬき工事で雨もりがひどく、間もなく廃止されて、その後は物置に使っていたが、それでも名前だけは最後まで四券番で通っていたのだから面白い。

事務所の方はあまり観客に近くていろいろ不都合な点が多いので、すぐ本家茶屋の二階に引っ越してしまった。

○「場内には皆様御使用の伝言板をはじめ、其他の便宜を計つてあります。開幕の五分前には電鈴が場内一般に響く設備になって居ります」

五分前のベルは初めの頃はあったかも知れないが、わたしの記憶には残っていない。

○「観覧席も在来の四人詰一点張を改めて、二人詰四人詰六人詰の三種に致しました。他に貸切貴賓室（日本式、西洋式）もあります」

貴賓席は正面平場の奥にあり、一段高くなっていた。真中が椅子席、両側が畳敷、常は御簾を下げるようになっていたが、結局は招待席として使われるようになった。

○「在来の習慣を改めて、下足座布団料は入場料に含め、別に申受けません。又本家案内所より入場の方は火鉢案内料とも一人金拾五銭より廿銭とし、興行の都度之を定めて申受けます」

下足料はこの通りだが、ふとん〔座布団〕、火鉢は別に取るようになる。

○「案内女給仕には祝儀は一切お断り申します。特に御恵与の場合には一組金三十銭宛以下と云ふことに願ひ上げます」

これはタテマエとして終わり、従来通りの祝儀制になる。

○「飲食物について申上げますと、洋食は共進亭、日本食とすしは笹巻、各食堂に出張して居ります。親子丼は三浦屋、うどん・しる粉は湖月、其他菓子果物等も一切直営で一切市価同様にし、新鮮で、調味には一層吟味し、毎日売品は下調がしてありますから御安心下さい」

この通りだったのは開場式からしばらくの間だったのだろう。比較的長く続いてわたしたちの記憶にもあるのは「共進亭」。正面モルタル塗りの真中、二、三階客席つまり大向こう客席の下に当たる割合広い所だが、ここも後には絵看板の置場になった。面白いのはそうなっても四券番と同じく共進亭と呼ばれていたことである。

共進亭より長く続いたのは「湖月」のうどんや。しかし最後には山田重助さんのおかみさんのやっていたおすしやだけが食堂として残り、弁当は直営で本家で出すようになった。

○「御帰りの時、本家案内所から入場のお方は女給仕が特に其場所を御注意申上げます、一般入場の御方は地下室で下足をお受取になつて、表へお出になることになつて居ります」

女給仕つまりお茶子さんは、名ではなく一号、二号、三号……と番号で呼ばれることになった。そして大阪から二人お師匠番のお茶子さんが呼ばれ、皆の指導に当たったそうだ。

九州劇場本家から祖父について来た一号のおみっつぁん、?・《（ママ）》号のおさとさんなどのほかは素人同然の人が多かったので、はじめの頃は山森さんも立ちあって、歩き方の練習まであったそうな。

この呼び方はずっと続いて、「二号のお初つぁん」とか「九号のお富さん」などと名と併用することはあっても、場割とか伝票など正式には番号が使われて確かに便利であった。

○「御携帯品預所が本家案内所入口に設けてあります。桟敷へお入りの方は其処に網棚が設けてございますから、之を御使用下さい」

これは結局お茶子さんを通しての預かりで、直接お客から預かることはなかったようだ。

○「観覧券は、興行の都度、御希望によつて、前売券を発行致します。

福岡市博多東町　大博劇場
電話二三〇五番」

劇場運営の実状と祖父の役割

事務所は本館二階から本家茶屋の二階へ移されたが、その陣容は当初は次の通りであった。建築許可を願う際、出願人山森三九郎にすべての委任を受けた責任者となった父は、開場後はまた興行願主《ねがいぬし》山森三九郎の委任を受けた責任者として、すべての書類の名義人となった。但し直接警察に出向き、交渉に当たる係としては事務員黒木政太郎がおり、父は専ら会計を任されていたのだが、名義を出しているための目に見えない負担は、やはりかなりあったようである。事務員はその外に帳付けを主に荒津清太郎、新聞や宣伝を主に森田、男ではそのほかにもう一人渡辺という人がいて、これは宿直も兼ねていたのか妻子と一緒に本家茶屋の奥の室に住込みになっていた。その外に女事務員が三人か四人いたと思う。

この女事務員の中に本家の水場（茶菓弁当お茶子の扱う一切の商いの帳簿を司り、その集金及び酒の販売を受け持つ）塩田さんというエラ者がいた。巡業に出るため始終博多にいることのできない山森さんの置いたお目付役であった。

さて肝腎の興行の方はどうして運営されたものであろうか。

「御案内」に「興行経営は松竹合名社に一任します」とあるように、興行については松竹合名社の実体である山森氏が主導権を握っていたには違いないが、山田興行部として幾つかの芝居を抱えている山田重助氏の立場もあるし、祖父としても長い間興行に関係して縁故の深いものである。全く山森氏の独断専行という訳にもいかなかったであろう。

青柳アサ氏の方は京都在住でその委任を受けた白井善蔵氏も興行にはタッチしないからいいとして、毎日劇場に通える立場にある青柳長吉氏の方は、株主としての発言なしにはすまない。実際には山森氏の実力が強引に押し切っていったとしても、一応は合議制の形になっていたものと思われる。

何のルールも約束もないその場その場の合議制だから、その後株主の勢力の動き、興行の好況・不況につれて様々な問題が出てくるのだが、開場から二年ばかりは好況と山森氏の活躍に押されて、劇場の歩みとしてはまず順調に運んだと言えよう。

それにしても山森氏をはじめ、武田の大将〔与吉〕、若大将〔米吉〕、山田の大将〔重助〕、三浦屋の大将〔青柳長吉〕、新三浦の大将〔白井善蔵〕と大将ばかりの珍しい劇場である。

名義上の株主は父米吉であっても、実際に株主として動いたのは祖父与吉で、祖父と一緒にいる限り、父は会計、庶務担当者にすぎない。しかし、対外的、特に対官庁的には父が劇場の責任者になっている。興行主の名義人の山森氏は大阪在住なので、父が一切の委任を受けた管理人であることは前述の通りである。そこで責任者として判断し応答しなければならないこともある訳だが、劇場に持ち帰れば祖父ににべもなく一蹴されて立場がなくなる。他の株主はまだしも一応の遠慮があるが、祖父や義兄である青柳には父は単なる息子であり義弟であり、どちらにもその立場を立ててやるというような配慮はなかったらしい。こういう食い違いのため、小心な父は随分悩まされたようだが、その間の事情は従業員にも感じられると見えて「若大将がおとなしいから」とか「若大将が人物だから」などと同情的な信望を得ていた。一面妙なプラスにもなっていた訳である。

昭和二（一九二七）年に祖父が亡くなった時「大博劇場顧問武田与吉氏」として死亡広告が新聞に載せられた。名義上の株主ではないが、実質的に山森氏に次ぐリーダーとして、また山森氏がいなくなってからは最長老として合議をまとめなければならない立場にあった祖父としては、「顧問」というのは適切な役割だと思うのだが、祖父の性格には大局を見ながら合議を動かしていく顧問というような落ちついた立場にはおさまりきれないものがある。自分自身現場にいて働いていたいのである。山森氏が精力的に采配を揮っていたはじめの頃は多少手持無沙汰な点もあり、それが余計父の立場と混線することになったと思うのだが、間もなく恰好の仕事が始まった。

それは賄部と弁当屋の仕事である。開場当初それは外部のものの請負になっていたが（多分「湖月」だと思うのだが）、なかなか思うようにいかなかったのであろう。止めてしまったので、直営にして祖父がその管理を引き受けることになったのである。そしてその手当として月給五十円がつくことになった。

賄部と弁当屋は九州劇場で経験ずみ、従業員も九州劇場時代の賄いの忠さん（江藤忠太郎）や料理場の清《せい》ちゃんなど、なじみの連中が集まったのである。忠さんなど祖父に全く心服していた。九州劇場の本家からついてきた人には、ほかに表方のウキシャン（卯吉）などもいる。祖父にはそういう妙に人に親しまれるところがある。無理を言われて困っている父に同情しながらも、そして時には怒りとばされながらも、祖父を嫌うというふうはなく、武田の大将の周りにはいつも陽気な雰囲気があったようだ。

開場後一年間の大盛況

大正十年の新春興行は、熱海良舟・山本薫の新派辰巳会（山田興行部の荷であろう）で幕を開けた。博多には既におなじみで、珍しい顔ぶれでもなかったが、新しい劇場の見物も兼ねてであろう、空前の大入りであったという。引続いて松竹専属になったばかりの志賀廼家淡海、もともと九州や中国地方での人気が松竹の目にとまり、道頓堀出演の糸口になったくらいだから、勿論これも今までに増しての大人気。その次は地廻りの市川福枝歌舞伎と一月の間、殆ど空きなく蓋をあけ、大入りを続けた。

しかし前年から下降を見せはじめた世間の景気は今年に入っていよいよ悪く、一月十九日の「福日」は「煙の止つた五十の炭山、解雇された坑夫が一万人……」という報道をしている。『松竹七十年史』には既に大正九年の記録の中に「戦時景気の反動がこの年の三月頃から金融逼迫となってあらわれ、株式市場は暴落つづきで半月も立会不能となったのに、歌舞伎座ばかりは何ごとだと大いにやっかまれたものだ……」と書かれている。

京阪に比べて炭坑のおかげで不景気の到来の遅かったこの地方でも「気の毒な程売れ口の無

い九大工学部卒業生、土木科八名の外、各科共駄目、開校以来の大不景気（昨年一昨年の三倍、五倍という招聘に比べ）」（「福日」三月一日）とか、「海外渡航者増加、炭坑其他の不景気から前半に比して二割強、南北アメリカその他外国云々」（「福日」八月三日）などの記事が見えるようになったが、大博劇場の興行は引き続き盛況で、その年末には各株末払込み金一万円を一年間の利益配当金で十分充たすことができたのである。一株四万円、六株二十四万円であったが、実際には三万円出資、残余は配当でということであったのが、一年間で見事にこれを果したのである。

この一年の興行がどれもどれも大当たりという訳ではないが、とにかく一年間を通して殆んど小屋が働いていて休むことがない。それだけでもめざましい。

三月興行に予定されていた鴈治郎の来演が延期されたのは残念だったが、八月には右団次〔市川・二代目〕が珍しい設備の水槽を使っての「鯉つかみ」の水芸で評判になった。中にお盆の休みをはさんで「四谷怪談」の二の替りで二十日まで居据わっての長期興行も福岡では画期的なことである。

大博劇場の「鯉つかみ」

……殊に「鯉つかみ」は市女ヶ原蛍狩、釣家《つりや》館、琵琶湖鯉退治の三場で、場内に三百石《こく》の清水《せいすい》を湛えて高島屋〔右団次〕独特の早替りを演ずるもので、舞台の背景其他も悉《ことごと》く新調

しているが、右用水は西門《せいもん》川沿中嶋石蔵屋酒造場の好意で、明日車力廿《にじゆう》台で運搬するさうで、素晴らしく前人気で引立って居る
（「福日」大正十年七月三十日）

五月には延若〔実川・二代目〕・吉三郎〔嵐・六代目〕が「伊達騒動」（「裏表彩錦伊達織」）と「蘭蝶」を出し、延若は正岡・小助・仁木弾正・男之助四役の早替り、吉三郎は蘭蝶・お宮の早替りで奮闘、十一月には三月市村座を脱退したばかりの吉右衛門が秀調〔坂東・三代目〕・時蔵〔中村・三代目〕と一座を組んで来演、そのほか新国劇の二度にわたる博多入り、新派も四月には「紅灯新話」、十二月には「死線を越えて」と新しい話題作を上演等々、いかにも中央劇団と直通の道が開けたような清新な空気を漂わせて広い範囲の観客を動員することができた。

松竹キネマの四回にわたる上映も映画史の中の一コマとして面白い。松竹キネマの発足したのは大正九年二月、社長は前年欧米視察に行った白井信太郎である。理事の中にはその視察に同行した山森三九郎の名もある。

第二年目の大正十年は、営業面の地盤固めからはじまった。「島の女」に次ぐいくつかの製作映画は世に出されたが、実をいうと、松竹キネマ合名社としての直営映画館は、まだ全国に一カ所も持っていなかった。松竹合名社が経営する東西の劇場で、本業である演劇興行の合間を利用して、一種の披露会を行ってみたに過ぎない。
（『松竹七十年史』）

大正10年、放生会着物で祖父と5人の孫たち。右から二人目が政子

大博劇場もその披露会の一翼を担ったことになるが、それらの披露作品を見て各地の映画館や映画会社が上映を申込むというふうに都合よくは運ばず、自ら営業の地固め、つまり直営館の獲得に乗り出した訳であるが、山森氏はその各地の直営館の買収にも辣腕を揮ったらしい。

この四回の上映のうち、わたしたちの印象に一番強く残っているのは松竹の作品でなくチャップリンの「キッド」であった。

この年の秋、祖父は多分、青柳の伯父と同調して、大博劇場の放生会詣りを思い立った。従業員を引き連れての幕出しである。わたしたち姉妹五人もいわゆる放生会着物《ぎもん》を新調してもらってお供をしたが、あんな豪勢なことは後にも先にもただ一度、お茶子さんたちや男連中の三味線を弾いたり踊ったりの賑やかさ、それまでに連れて行ってもらった町内や親戚の放生会

祖父が孫・与平の初節句を祝って「作り物」をつくる

詣りとは格段の違いであった。若い時から芝居で苦労してきた祖父にめぐってきた最も得意の年である。

その祖父の得意の年を飾ることがまだある。一つは新しい家の落成。横町〔現・博多区下呉服町〕の方に続いていた隠居家を一軒の借家と合わせて二軒の家をつぶして、新しい大きな隠居家を新築したのである。親戚や劇場の連中を招いて、幾日かの棟上げの賑わいがあった。

そしてもう一つ、五月には待望の男の初孫〔与平〕の初節句を祝うことができたこと。博多の習慣として男の子の初節句には、家の表に大きな幟《のぼり》を立て、「作り物」と呼ばれる芝居の舞台面のような人形を飾る。その作り物を何と大博劇場の棟梁が道具方を連れて来て本物の舞台のように飾ってくれたのである。太閤秀吉が名護屋城で朝鮮に船出する軍船を見送っているという場面である。子供心にも驚いたが、祖父の胸中はいかばかり……。

こういういい年だったからだろう、夏休みには次姉ミ子とわたしは大阪、東京の旅行に連れて行ってもらった。

さて、こういういいことずくめの得意絶頂の年であったにもかかわらず、祖父には「九州劇場」時代にはない予想外の不如意があった。それは日常の手もとに現金が入らないことである。年間の利益配当は一万円の株の払込みを充たすほどに多くても、興行ごとに祖父の手に残るものはない。興行の責任を持つ代りに内小屋から本家茶屋一切の経営を生田さんと二人に任されていた九州劇場時代と違って、大博劇場はすべて直営になっている。

直営と言っても会計全般を預かる関係上管理の責任は父にかかってくるし、他に本業を持っている他の株主と違って劇場だけにかかりきっている祖父は、父の手に余る部分、他の事務員の分担にも入らない日常経営の細部にわたる配慮をしなければならないが、それははっきり役割とはなっていない。個人の仕事ならそれは経営者の当然だが、こういう共同経営の場合、その役割をはっきり定めにくいので、売店をさせるとか何とかでその報酬に当てるものらしい。実際に大博劇場発足に当たって山森氏は武田と共同で売店その他を引き受けるつもりであったそうだ。

社長も役員も決めていない匿名組合でも、誰かが経営の主体になって責任を負わなければ営業が成り立つものではない。六人の株主がいてもそれをするのは武田と自分だという考えでその案を出されたのだと思うが、地元の三人がなまじ親戚だということもあって、うまく話は進まなかった。

この件について、最近次姉に確かめたところ、次のような話があった。

山森氏としては、興行も武田・山森で手打ちにし、落ちもの一切も引き受けるつもりであったらしいが、祖父の方がそれを受け入れず、全部直営でいこうということになったので、大分目算がはずれたらしい。つまり九州劇場で生田・武田の二人で興行・経営一切の委任をうけていたその形をとるつもりであったのが、それを祖父がとめたというのである。新三浦のばばさん（青柳アサの後立てとして新三浦をもり上げた実力者）も「発起人であり、わざわざ九州劇場をやめてくるのだから落ちものぐらいはとりない」と言ってくれていたのに、祖父がそれをしなかったのは九州劇場のようなことになるのを恐れたのであろう。生田・武田の二人で経営を引き受けている他の株主の中に不満を持つものができてきて、景気がよくなるにつれゴタゴタが多くなり、うらめしくなってとうとう九州劇場をはなれた、その同じことを大博劇場で起こすことを恐れたのではないか。

名義人であり会計の専業というので、さすがに父には百円の給料がつけられたが、祖父の方は無給の奉仕である。あんなに繁昌していた九州劇場の本家茶屋も止めてきたことだし、交渉の余地は十分あったのだと思うが、そういう利害損得の話をキッチリつけることに音痴的に弱い祖父には、こういう時に生田さんのような相棒が必要だったのである。父もその点祖父に似ていて、生田さんの替りにはなれなかった。「一本小屋であんなに儲かりよった九州劇場ば止めてこげな劇場ば作らんでもよかったのに。生田さんと一緒ならこげなことはなかったのに」と、その後劇場で不利な立場に立たされるごとに父も母もこう言って愚痴をこぼした。

その父もこの一年の終りに、同じような発足時の詰めの甘さから来る不愉快な目にあっている。一年間の成績が予想以上によかったので、事務員たちにも慰労の意味で何がしかの手当が出された。当然父にも謝礼をという話が出たのだが、それをこわしたのは何と青柳の伯父（長吉）だった。「米吉には月給ば百円やりよるけんよか」とピシャリと押さえられたという。親戚としての他への遠慮か、若い者に対する年長者意識か、そしてそれを憤慨する父が、義兄という関係に押されるのか、面と向かって一言も反発することができず、祖父もまた娘婿という気がねからか何も言えないという妙な関係である。なまじ親戚のこんな関係が、はっきりとした約束もルールもない匿名組合という仕事の場に漠然と持ち込まれてしまったところに、祖父と父の大きな不幸があったのである。

祖父が賄いと弁当屋の仕事を引き受けるようになったことは、こういう中でまず精神的に大きな救いになったと思う。経済的には九州劇場の本家とは比べものにはならないけれど。

中洲の大火・関東大震災の影響

この年〔大正十一年〕の話題は何と言っても二回にわたる鴈治郎の来演であろう。「開場式には鴈治郎を呼ぶ」、これが祖父の大きな夢であった。大仰に言えば「大博劇場」設立への活力源であったかも知れない。それがその息子の扇雀と小さくなり、一応の約束であった翌年の三月も東京出演のため来られなかった。

そしてようやく三年目、この年の四月に実現したと思ったら、追っかけて六月にまた来演ということになった。それは大正十年十月三十日の東京「歌舞伎座」の炎上という思いがけない出来事によるものである（その後、歌舞伎座は復興の計画が立てられ、ようやく大正十一年六月着工の運びになったが、その完成を見ないうちにまたまた関東の大震災のために焼けてしまった）。

歌舞伎座の再建がはかどらないままに、劇場の不足が東京の俳優の西下、関西俳優の東上の減少と徐々に結果があらわれて、大物の地方巡業もやや多くなる傾向にあった。

この年の鴈治郎の二回の博多入りに続いて、次の十二年には七月に久しぶりの菊五郎一座、羽左衛門〔市村・十五代目〕・梅幸一座が相ついで来博している。また鴈治郎より一足早く大正十一年三月の九州劇場に、幸四郎が宗十郎・宗之助との一座で来ている。

鴈治郎の博多入りは大正七年以来四年ぶり、「熊谷」と「椀久」に好劇家を沸かせた。福助の松山太夫の美しさ、長三郎の「三人片輪」の軽妙な踊りも評判であった。この「三人片輪」に出る二人の腰元の成太郎〔中村〕、扇がまた水際立った美しさで、さすが鴈治郎の一座と思われた。長三郎〔林〕は大正十五年に延若と来た時も「三人片輪」を出したが、その時の腰元は長丸（後の長谷川一夫）、延宝である。

六月の来演では話題の第一は新作「藤十郎の恋」、それに久々の雀右衛門（中村・三代目）の加入が芝居を一層華麗なものにした。鴈治郎の藤十郎に福助の宗清の女房おかじは無論のこと、もう一つ幕切れに、出のきっかけを受けて間髪を入れず藤十郎の腕をとって揚幕に向う千寿（雀右衛門）の呼吸《イキ》のよさ、子供心にも今までのお芝居とは違った清新さが感じられて、その印象が忘れがたく残っている。

「二十四孝」の雀右衛門の八重垣姫の狐火に、鴈治郎が色裃《かみしも》の人形遣いでつき合った華やかさ。二の替りの「忠臣蔵」の七段目で、多勢の仲居や幇間が「由良さん由良さん、手の鳴る方へ」とさんざめく面白さ。ああいう舞台の豊かさは今の貧相な歌舞伎からは想像もつかないことであろう。この「忠臣蔵」の勘平では、音羽屋型〔尾上菊五郎〕といろいろ違っていたことを思い出す。写真などで見るとそれほどいい器量とも思わない雀右衛門が、七段目のお軽であのはでな衣装でいかにも美しく動いていた。「癪をおこすところがとてもいい」と、母などはしきりに感心していたものである。

この大正十一年の上演年表を見ていると、いわゆる小屋貸しの中にも注目すべきものがある。第一は十月のアンナ・パブロワ夫人の公演、それから五月のジンバリスト、六月の三浦環《たまき》の演奏会、それにもう一つ十二月のアインシュタイン博士の相対性原理の講演会がある。いずれも芝居のお客らしからぬ、普通なら芝居などには見向きもしない人々を広く動員した筈である。

大正十一年も一応劇場はあまり休みなく動いて、前年に変わらず盛況のように見えるが、実質的にはもう前年のような利益を上げることはできなかった。

大正十二年一月十七日の夜明け前、風速十メートルの風に煽られて東中洲一帯は空前の大火となり、「九州劇場」も他の映画館共々焼失してしまった。

それまで九州劇場の常連であった文福茶釜の喜劇が、三月から四月にかけ、また八月の盆興行に大博劇場に入ったのはそのためであり、七月に菊五郎・友右衛門〔大谷・六代目〕一座と梅幸・羽左衛門の二つの大一座が続けてきたのは、東京歌舞伎座の焼失の影響である。

そして九月一日、関東大震災を迎えることになる。

十月の守田勘弥〔十三代目〕の「文芸座」は震災前からの予定であったが、年末から十三年にかけての大物の博多入りはまさに関東大震災のおかげと言うのは語弊があるが、平常の状態では予想できないことである。博多の好劇家にとっては思いがけない盛況であり、景気の落ちこみかけた劇場にとっても貴重なカンフル剤であったが、興行利益そのものは総体的にはやはり下降を辿っていったようである。

とは言え、十二年七月の菊五郎来演から翌十三年九月の梅幸・羽左衛門一座までのめざましさは未曽有のもので、座組も東京大阪の公演をそのまま引越した豪華さで、後々まで芝居好きの語り草になったものである。

大正十二年の後半から十三年にかけて相ついで博多入りした大歌舞伎の中でも連日札止めの

熱狂的な人気を沸かせたのは、十三年七月の鴈治郎、幸四郎の「勧進帳」である。鴈治郎も幸四郎もこの地方ではもっともなじみのある役者の随一、その二人の顔合わせに長唄も伊十郎という豪華版。補助椅子も出し尽くし、廊下も大向うも立ってでも覗かれる場所は全部満員、それでもなお入り切れない人たちが劇場前に恨めしげに立っていた。

この芝居は文字通り大当たり、後にそれを記念する「勧進帳」の大きな大入り額〔奉献額《ほうけんがく》、大入りを祝って役者側から劇場に贈られる〕が劇場正面のロビーに当たる所に掲げられたほどであるが、また一面思いがけないトラブルのために出費がかさむという面倒なこともからんだ。

幸四郎の大博劇場出演について、九州劇場側から苦情が出て、それに土地の顔役まで乗り出して脅迫がましい話になり、結局かなりの金を包んでおさまったという事件である。

もともと帝劇〔帝国劇場〕専属の幸四郎の九州巡業は、当初から東京の堀興行部の手によるもので、松竹の巡業ではなかったので、大博劇場ができてからも引き続き九州劇場に入っていた。いわば、九州劇場の唯一の大歌舞伎であった訳だが、今度は幸四郎一座の巡業ではなく、幸四郎が松竹の鴈治郎一座に加わった巡業なので、自然「大博劇場」出演という結果になった。筋を通せば別に問題はないのだが、間に立った顔役との関わりやらいろいろあって、波風が立たないよう金でおさめたものらしいが、かなりの額であったらしく「おかげで大分儲けが減った」と父などぼやいていたのを憶えている。

「勧進帳」の「大入り額」については、次姉の話によれば空前の大入りではあったが、歩合が高いのと、九州劇場とのいざこざのための出費とで、落ちものは別として、興行そのものは少しも儲からなかった。あまりばかばかしいので、いっそ気晴らしに大入り額でもあげようかということになったのだという。なお、このいざこざのため父が土地の顔役の所に呼び出されたが、周りを取り囲んで短刀などをちらつかせて、鴈治郎や幸四郎の腕を切るとか足を折るとか、芝居がかった脅かしがあったそうな。

東京の劇壇そのままの清新の気を吹きこんで評判だったのは、大正十二年七月の菊五郎と十一月の左団次〔市川・二代目〕であろう。

菊五郎はお目見得に「伊達安芸尽忠録」と「冬木心中」の二つの新作と「棒しばり」を出している。原田甲斐の刃傷や「冬木心中」の筏の上の立廻りの息もつかせぬ新鮮な面白さに熱狂して、二の替りに同じような舞台を期待した人たちには「牡丹灯籠」の通しという古風な狂言立ては物足りなかったのか、二の替りに入って客足は少し落ちたようだが、芝居そのものは今思い出してもぞくぞくするような面白いものであった。踊りは二の替りの「太刀盗人」も文句なしに受けた。

十一月の左団次も「増補信長記」「今様薩摩歌」と二つ新作を持ってきた。殊に「薩摩歌」は松蔦《しょうちょう》〔市川・二代目〕のおまんの瑞々《みずみず》しい美しさ、相手役の寿美蔵〔市川・七代目、のち三代目寿海〕の三五兵衛の呼吸《いき》のよさとからみ合う左団次の源五兵衛の独特の風格がいかにも斬新な妙味を見せ、おまけに富士松加賀太夫の新内出語りという名品も加わって、東京の舞台そのままというのも嘘ではないと思われた。これは二の替りなしの五日間だけであったせいか、連日大入りのようだった。

前の二つに比べると、一門に三津五郎〔坂東・七代目〕を加えただけのやや無人《ぶにん》の一座だが、体当りとも言いたいような熱演で観客の心をしっかりとつかんだのは、吉右衛門である。十二月半ばの、しかも九州劇場の新築柿落し興行とぶつかるという悪条件の中で、尻上がりに入りがよくなっている。お目見得の「塩原多助」の馬との別れの場面で、吉右衛門の演技に酔った観客の一人がたまりかねて、「どうしたヨカモンカイ、こんちくしょう」と妙な掛声をかけ、周囲の共感を得たという面白い場面もあった。

そして最後の圧巻は十三年九月十九日から四日間の梅幸、羽左衛門、松助〔尾上・四代目〕の「両国の秋」「かさね」「世話情浮名横櫛」である。羽左衛門五十一歳、梅幸五十五、六歳、芸も美しさもまさに脂の乗りざかり、その上「かさね」は清元延寿太夫出演という最高の顔ぶれである。極付「浮名横櫛」もさることながら、「両国の秋」の情緒あふれる各場面が今もしみじみと心に残って忘れられない。勿論人気は上々だったが、鴈・幸の「勧進帳」ほどの大入りにはならなかった。

昨年来大芝居が続いたこともあるが、何よりも震災後の経済不況は既に防ぎようもなく、まさに秋風の身にしみわたる時節が到来したのである。

芝居としてはもう一つ、十一月に再度博多入りした鴈治郎の近松原作による「心中天の網島」

の通し上演という名品がある。「近松弐百年記念興行」として上演されたもので、舞台意匠も従来の型によるのでなく、竹内栖風画伯によって一新されたもので、東京、大阪でも大きな話題になった。

その評価は必ずしもいいとばかりは言えないが、子供心にも誠に深い感銘を受けた芝居である。鴈治郎だけでなく上の巻「河庄」では、その廓の情景を描き出す脇役の人々の味わい深い演技、なまいだ坊主〔江戸期の僧形をした門付け芸人〕、ぞめき〔遊廓をひやかして歩く人々〕の群衆等々、中の巻「紙治内」の福助のおさんの元禄風の衣装によるきりりとした女房ぶり、下の巻「大和屋」の前、子どもを背負わせた丁稚三五郎を供に連れ、治兵衛を捜して寒い夜を足もそぞろに駆け廻る兄の孫右衛門、そしてようよう大和屋のくぐり戸を脱け出した小春と二人、東へ行こうか西へ飛ぼうかと迷った末、網島の大長寺へと心を決めて向かう幕切れ……。様々の場面が今もあざやかに目に浮かぶ。従来の扮装と違うので何かと言われた鴈治郎の治兵衛も、従来のものをよく知らないわたしには元禄時代の風俗として誠に美しく面白く思われた。

しかし興行としては大失敗、五日間の予定を一日繰り上げて四日間で打ち上げた。

この鴈治郎の不入りを最後としてぱったり大物の来演が止まるだけでなく、劇場の興行日数もぐっと少なくなり、休演の日が多くなる。大物が来なくなったのは一つは東京の劇場がようやく復旧してきたことが原因であるが、休演の日が多くなったのについては、山森氏の松竹失脚や社会的事情が複雑にからんでくるのである。

山森氏の失脚と世代交代

実質的利益はとにかく、前年までは一応面目を保ってきた興行日数も、大正十四（一九二五）年になるとガッタリと減ってきた。大正十年からの年間興行日数を挙げると、大正十年三〇一日、十一年二八九日、十二年二三七日、十三年二四二日、十四年一七一日、十五年一七五日といった具合である。

こういう場合、それを埋めることができるのは、経費がかからず長期興行の利く節劇《ふしげき》（浪花節劇の略。浪曲を伴奏に用いて進行させる演劇。明治の末期から行われ、大衆演劇として一時は全国的に流行した）である。他の劇場はそれをやっているのであるが、松竹と提携して「よか芝居」をする劇場の看板を掲げた大博劇場としては、節劇をする劇場に堕ちることには株主にも抵抗があったのであろう。大正十三年末に一度だけ四海吉春が入って以後、次の不況時代を経た昭和七（一九三二）年の山村桃太郎まで、節劇は全く入っていない。それだけに多勢の従業員を抱えての劇場運営には四苦八苦があった訳である。

そしてその劇場運営を苦しくしたことの大きな原因は、山森氏を中心にした今までの経営構造がすっかり崩れてしまったことにある。

山森氏が松竹の巡業部長の職を離れたのがいつのことかわからないが、大博劇場との関わりから推測すると、この十四年頃ではないかと思われる。

山森氏の松竹入社までの略歴は「九州劇場」の項に一応記したが、山森氏については次の記録が残っている。〔新聞「北国芸能」昭和三十四年十二月二十日号に副田松園が「興行界麒麟児森山《（ママ）》三九朗《（ママ）》」として執筆、のち『金沢興業年表』に転載〕

……彼は明治七年五月、金沢母衣町の丸万といううどん屋の家に生れたが、少年時代は東馬場にあった芝居小屋戎座に饅頭売りをしていたという。彼は……元加賀藩の老臣横山の分家である横山一平の恩寵《おんちょう》をうけ、十八才のとき上京、京横山が下谷に神州義侠館という政治結社を起こした時彼は一壮士となって運動に参加した。ついで新聞記者になり、高利貸の手代にもなった。明治二十八、九年ごろ、横山が東京の劇場「春木座」の整理を頼まれて興行方面に関係をもつようになって、彼もそれに加わって一役を勤めた。が、天性の覇気と社交上手とでしだいに地歩を固め、明治三十五年三月六日から現在の北口会館が稲荷座と呼ばれていたころ尾上楽之助を座頭として、嵐吉松郎、片岡秀郎、中村雁童、尾上楽五郎ら一行の子供芝居をもってきたのが青年山森が成功の第一歩となった……六ヶ月にわたり大入満員つづきの盛況をみ、彼の財もこのときに基礎をなしたといわれる。当時夫人に大阪曽根崎で片山楼という旅館を経営させて、ここを本拠として彼は全国にわたって興行を行っていた。……

明治四十年ごろ、白井、大谷の松竹合名会社ができた当時、両氏は山森を野に放つことを極度におそれ、外交専門として入社せしめたのを見ても、ほぼその間の消息を知ることができよう。

彼が大阪の松竹へ入った最初、まず芝居番付出版の改良をなしとげた。従来の番付は松竹以外の業者の専業だったのを、彼は社内に印刷部を設けて直営に改めそしてドンドン利益をあげていったので、社長にいよいよ重用され、間もなく巡業部長に選ばれて外交部長をも兼ねるようになり、益々手腕を揮うことができた。

またその当時は松竹キネマの創立時代であったが彼は各地に飛び廻って、次々に直営館を買収していき、それにも大なる成功をした。……

彼が松竹を退職する前に白井信太郎に付添い……欧米に洋行……その後豊橋の東雲座をはじめ岡山・福岡などにも劇場を経営したが、大正の末ごろ「相当な年になったから故郷に根を据え、晩年を終りたい」といって金沢に帰り、稲荷座から尾山座と改称していた劇場を買収した。しかし、昭和二年三月、尾山座を倶楽部に改装した当時、積雪のために劇場が倒壊した騒ぎからケチがつき、おりからの劇界不況が一層深刻に経済面に反映し、同七年春ついに劇場を売却することに至った。が、加うるに数年前から肺を病み、さらに胃病になやみ、悶々不遇をかこつ有様であったが、往年の覇気はなかなか衰えず、倶楽部内に撞球場・売店・ダンスホールなどを次から次へ実現して、その才能を発揮したのであった。……昭和七年十二月九日、胃潰瘍手術の経過面白からず、午後六時、五十九才をもって永眠した。

（近代歌舞伎年表編纂資料・5『金沢興行略年表㈠』）

大正八年を頂点として、その後二、三年が山森さんの松竹における全盛期ではなかったか。そして大正十年頃になると、その敏腕の揮いすぎからくるかげりも見えてくるようである。大正十年五月二十一日「福日」にまで「松竹側の家宅捜索／物々しい菊五郎脅迫犯人事件／発端は堀川監獄移転」という記事が掲載された。

次いで五月二十三日には「菊五郎脅迫事件で松竹の山森捕へらる／実に案外な男で驚いて居る――松田豊橋警察署長の談」という続報が出た。

なお大正十一年七月一日にも山森氏に関係すると思われる事件が「松竹の輸送に関する鉄道の大疑獄暴露」として報道された。

博多、岡山、豊橋、岐阜と松竹巡業の拠点を作っていった山森氏は、同時にこれを自分の事業の布石として考えていた節がある。そしてその最後の仕上げとして、自分の故郷の金沢に自分の劇場を作ろうとして「尾山座」を買収した。それが後の「尾山倶楽部」である。そしてその資金を作るために強引な仕事をして、松竹との間に溝を深めていったようである。

山森氏は巡業部長の立場を利用して自分の巡業を企画し、自分の商売をするということも

大博劇場にて、左から武田米吉、平信次（松竹博多駐在）、
荒津事務筆頭員、小山松竹巡業部長

あったらしい。

例えば大正十一年末のこと、大博劇場で組み立てられたヴォルガ演芸団というのがある。その年に大当たりしたアンナ・パブロワで味をしめたのか、満州の白系露人を寄せ集めて作った演芸団で、博多を振出しに各地を巡業して廻った。松竹の名も十分使ったに違いないが、あまり成功しなかったようだ。

好景気の時ならばこんなものが当たって飛躍の足場にもなるのであろうが、次第に不況に向う中では欠損になるものも多かったようで、山森氏の負債はかさむばかり、松竹にも大分不義理ができたらしい。大博劇場の持株もとうとうその負債のカタに押さえられた。株主から山森三九郎の名が消えて白井松次郎が二株となった。

「尾山座」買収がいつの頃かはっきりわから

ないが、おそらく大博劇場開場後、岐阜に手を伸ばしたのと同じ頃ではないだろうか。大震災という不慮の災害があり、その後の興行界の情勢が岐阜や博多でももう一つ思わしくなかったように、尾山座も資金を食う割に利益が上がらなかったのであろう。

その「尾山座」の金繰りに困っていた頃であろう、会計を預かっている父に「大博劇場」の金を融通してくれるよう頼まれたこともあったそうだが、律儀な父は無論それに応じなかった。気の毒ではあるが、後の成行きを考えると、少々のことをしても焼石に水であったろうと思われる。

こうして随分苦しい中から出来上がった尾山倶楽部は、山森氏が本拠地にしようと思って丹精込められた小屋だけに、大博劇場などとは比べものにならない立派な建築であったらしい。客席の椅子などにも気を配り、最近まである好劇家が尾山倶楽部の椅子と言ってその一部を保存しておられたという話も聞く。

何にしても素朴な合議制の中心であった山森氏の脱落は、大博劇場の興行の運営に大穴をあけてしまった。それに山田重助氏も創立時のように積極的に大博劇場運営に乗り出せない事情があった。

大正十一年十二月十四日、小倉に新しく「勝山劇場」が開場し、山田氏がその経営に当たることになった。当面の責任者としては子息隆三氏がこれに当たったが、無論重助氏の支配下にある山田興行部の本部でもあった。どうしてもそちらの方に主力が注がれるので、山森氏のい

大正15年頃の大博劇場

ない大博劇場の運営合議に当たったのは、祖父と父と青柳〔長吉〕ということになる。「新三浦」は出資だけで、直接興行にはタッチしない。その場合もっとも強い発言をするのは、前にも述べた事情の通り興行の専門家である祖父でもなく、経理庶務一切の責任を持たされている父でもなく、素人同様の青柳というのだから巧くいく筈がない。素人意見としては当然のことながら「シカトムナイ芝居バシテ損ショウヨリ、小屋貸しにシトキヤイ」というようなことになる。

大正十四、五年の俄かの小屋の空き方によくそれがあらわれているようだ。大正十五年、その行詰まったところで祖父が倒れ、翌昭和二年六月、ついに亡くなった。そして山森氏の後には、松竹から出向の形で社員(平信次)が派遣され駐在することになる。

大博劇場も世代交代の時期を迎えたのである。

祖父の死

祖父の亡くなる前年大正十五（一九二六）年四月、延若を座頭に、右団次、長三郎、卯三郎〔尾上・二代目〕の一座が来たが、その中に嵐巌太郎という役者がいた。持ち役は序幕「曽我譚」の祐成を乗せてくる駕舁《かごかき》と丸橋忠弥の捕り手の二役、嵐巌笑の弟子で生え抜きの大部屋役者だが、トンボの名人でもあった。その昔、博多で芝居がつぶれて「三浦屋」で居候をしている時も、浜に出て一人でトンボの稽古をしていたという逸話もある。祖父にも大分世話になっていたらしく、父も母も親しく「松つぁん」と呼んでいた。それが師匠の巌笑の不遇と不景気にたたられて大分仕事にあぶれていたのが、久しぶりにこの一座に加わって博多に来たと言って家に訪ねてきてくれた。

祖父は多分賄いの方に泊まっていたのであろう、その場にはいなかったが、玄関の横の四畳半で夜遅くまで両親が一杯出して歓待していたのを覚えている。何でもわたしが四つくらいの時、疫痢で死にかけてこの松つぁんに呪《まじな》いをしてもらったという因縁があるのでその座に呼ばれて座っていたのだが、昔のことやら失業して困っていた話やら一人娘のことやら話上手の大阪言葉で、よい御機嫌で面白おかしく話していたが、子供心にも仕事にあぶれた下廻りの生活のわびしさのようなものが印象深く残っている。

その中に、長い間の大部屋で、トンボを切る役目を務めた功労を俳優協会から表彰された話が出た。東京に呼ばれて、当時協会の何やらしていた坂東彦三郎〔坂東・六代目〕から記念の時計を貰ったほか、火消しの「に組」の頭から「に組」の一番纏《まとい》の纏持の法被を貰ったと言って見せてくれたが、帰る時にはその法被を今度は何もみやげがないからと言って、みやげがわりに置いていった。

祖父が中風で倒れたのは、それから間もなくだったと思う。半身が麻痺で病床の人となった。松つぁんはその十月、今度は右団次、寿三郎〔坂東・三代目〕の頭取〔裏方を総括し、進行を一切を取り締まる係〕としてやってきた。祖父は病床ながらもやや快方に向かっていた。今度は松つぁんは右団次の蜘蛛舞の蜘蛛の糸をつくる話など教えてくれた。線香を芯にして和紙をまいて作るのだそうだが、幕間に黒衣のまま祖父の見舞いかたがたその糸を少しばかり持ってきて見せてくれた。冬を越して祖父の病気は大分よくなり、足を引きずりながらも一応賄いまで出かけられるようになった。が、それが小康と言うのであろうか、また寝込むようになり、三月の姉の結婚式の頃には大分意識もぼやけてきた。

そして昭和二（一九二七）年六月十四日、久々の嵐巌笑、寿三郎の初日の前日に亡くなった。その巌笑の一座に、今度は師匠と同座でやってきた巌太郎がいたのである。前年見舞った時、祖父が歯が悪くて固いものは食べられないと言っていたからと、今度は大阪の柔らかいとろろ昆布をみやげに乗り込んで来たのだが、それはちょうど祖父の湯灌《ゆかん》をするところだった。驚いた松つぁんは、そのまま湯灌の手伝いにかかり、ひげを器用に剃ってくれたりこまごまと働いてくれた。

不思議と言えばまことに不思議な縁であった。それから毎晩、松つぁんは芝居がはねるとやってきて、お通夜の席に加わった。毎晩入れ替わり立ち替わり集まってくる親戚や近所の人たちが、松つぁんの面白い話でどんなに賑わったことか。いかにも陽気な祖父らしいお通夜で、まだ祖父が生きていて話題の中心にいるような感じであった。

祖父は行年七十二、その死亡広告が「福日」に出されたが、その広告と記事が大博劇場の妙な構造を物語るようで面白い。

記事の方は「大博劇場武田米吉氏厳父武田与吉氏は予て病気療養中……」となっている。武田米吉が大博劇場の何なのかさっぱりわからない。

この記事の通り、大博劇場における父の地位は曖昧なものであるにもかかわらず、祖父の死後、事実上の経営の責任はすべて父の双肩にかかってくることになる。この頃になると、初め警察官庁係として置かれた事務員の黒木氏も、新聞社、宣伝方面を受けもっていた。森田氏もいなくなり、人手不足のまま、これから始まる昭和の大不況時代を父が担ってゆくことになるのである（祖父が受け持っていた賄部・弁当屋の監督は母が担当することになった）。

開場以来の好況から一ぺんで失速した大正十四、十五年、昭和二年の不景気は天皇の御不例に続く御諒闇という国家的な出来事の中であり、まだ前の好況時代の余力もあり、御大典になったらという期待もあって、まだまだ絶望的ではなかったが、御大典が済んだ後忽ち戻ってきた不況の波はどうにもならないもので、「大博劇場」の昭和時代の第一期、つまり父の時代の第一期はまず未曽有の不景気で幕が開いた。

震災後の松竹

白井松次郎氏の一株から山森三九郎氏の分を含めて二株（三分の一）の株主となった松竹の動静は、よかれあしかれ大博劇場の経営に響いてくる。大震災による壊滅的被害から復興に向かっての動きの大要を、『松竹七十年史』によって辿ってみる。

大正十三〈一九二四〉年一月、大震災のショックで一時は劇界の前途に絶望した社員たちも、前に開場した麻生南座の景況を見て元気をとりもどしこの月からは、同じ麻布区内の末広座を借りて……。

と東京の芝居が活気づいただけでなく、大阪、神戸、各地方に進出した巡業グループは各地好劇家を喜ばせた。

それは福岡も同じこと、その様子は「新演芸」大正十三年二月号に次のように取り上げられている。

帝劇復興の劇壇を独占《ひとりじ》めに、バラック建《だて》でない本式の劇場を、麻布の新明治座に左団次、南座に曽我廼家、早稲田の早稲田劇場に源之助〔沢村・四代目〕と、三軒とも松竹の一手で堂々と蓋《ふた》を開けた事が大谷社長の大自慢。其上に同じ経営の活動館が大当たりのホクホク者、然《しか》もそれだけではまだ気が済まず、名古屋へは訥子〔沢村・七代目〕、京都へは南座へ吉右衛門、三津五郎、片市の一座、明治座へ河合一派、大阪の道頓堀では中座へ歌右衛門を、浪花座へ秀調を、角座へは花柳・藤村の一派を送り、神戸は中車に猿之助、九州へは仁左衛門一座、岡山へは伊井、喜多村一派と、つまり専属俳優を一人も遊ばせずに日本中へふりまき、それがいづれも無類の上景気で益々悦に入り……

そして三月十三日にバラック建てながら「本郷座」、四月五日に「浅草松竹座」、数寄屋橋際に「邦楽座」、翌大正十四年一月六日には新しい「歌舞伎座」の開場となる。しかも興行は毎月大入りを続けた。

大正十四年、十五年、昭和二（一九二七）年と、松竹は震災を機にむしろ発展的な歩みを続けた。昭和三年一月には、ついに「市村座」もその経営下に収め（それは市村座に拠っていた尾上菊五郎をその支配下に置いたことにもなる）、昭和四年十二月には「帝劇」の経営も引き受けることになった。

昭和五年になると「東劇」を開場し、松竹は東京の六大劇場（歌舞伎座・明治座・新歌舞伎座・市村座・帝劇・東劇）を手中に収め、殆どの俳優をその支配下に集めて待望の劇界の制覇をなし遂げたのである（本郷座は映画館に変わった）。

市村座が持ち切れなくなったのは世間一般が不景気のどん底にあったためであり、帝劇が松竹に経営を託したのも不況のため、約七十万円の負債を作ったためであるが、松竹はこの不況下に従来の小企業主義の劇場を、大企業主義の劇場トラストに仕上げ、芝居道の松竹天国を作り上げた訳である。

しかしながら昭和六年にもなると、この王国にも不況の波はついに押し寄せ、内外から様々な問題が起こってくる。

その問題の一つとして、傘下に集めた俳優の〝はかせ場〟を作るために地方巡業というルートがまたまた必要になってくる。大博劇場でもしばらく途絶えていた東京の大物の来演が、昭和七年あたりから、またぼつぼつ見られるようになるのである。

『松竹七十年史』の昭和六年の部には、以下の記述がある。

昭和六年は、産業界の不況ますます深刻化し、減給首切り、失業者増大、労働攻勢、左右勢力の闘争など相次ぎ、興行界もそのあほりを受けて、中小興行者や劇場主の中には倒産するもの、転業するものなどが続出した。松竹は前年に、給料二割減で急場を凌いだが、二、三の当り狂言はあっても、多くの劇場や俳優、従業員の生活を支えて行くのは、なみ大抵ではなかった。大谷社長は、経営を誰かに代ってもらい、自分はしばらく休養したいとさえ言い出した。

松竹はこの容易ならぬ不況期への対策として、社内の強化のため、さきに株式化を断行した松竹土地建物興行株式会社に、松竹興行株式会社を合併。さらに歌舞伎座、明治座、新富座の株式を合わせたトラスト案を立て、この年四月頃から各社内で具体案を持ち寄り、七月七日より新機構の発足を見るに至った。即ち合併新資本金三一七〇万円の「松竹興行株式会社」がこれである。

松竹のこの処置に対し、「福日」に次のような記事が掲載されている。

白井松竹社長の大功労者福井氏を始め、横江、金沢、白川氏を罷免東京、大阪の両松竹が今度合併した上……最近突如として、従来大阪松竹白井社長の片腕として松竹今日の隆盛に一大貢献ありしと言はれる常務福井三郎氏に対し白井社長から「……今度都合でやめて貰いたいから辞表を出してくれ」と申し渡した。

（昭和六年五月十二日・夕刊）

その後の大博劇場（昭和二十一年まで）

父は戦争中の昭和十七（一九四二）年八月に亡くなった。大正九（一九二〇）年十二月の開場以来二十年余り、大博劇場一筋の生涯であった。今思えばどうして生前にもっと話を聞いてメモでも取っておかなかったかと残念な気もするが、当時はそんな気もつかず、せめて母の話でもメモして置こうと思い立ったのも、はるかに後のこと、昭和二十八年になってからである。それには一つのキッカケがある。

父が亡くなって四年目の昭和二十一年二月、他の地元出資者である二名とともに大博劇場の株を手離し、「橋の向こうの藁小屋（仮小屋）」以来、祖父から父へと、いろいろな形で続いてきた芝居小屋との関係を初めて断ち切ることになった。

大博劇場はその後多少の紆余曲折を経た後、昭和二十八年八月、大改築と組織の再編成を完了し、松尾国三氏を社長とする新しい株式会社「大博劇場」として出発した。発起人は松尾国三・大谷竹次郎に地元財界の太田清蔵・吉次鹿蔵の諸氏である。株主には地元の好劇家多数の参加があったようだ。

表の構えも、今までの地味な洋館風から、桃山式の破風《はふ》を持った歌舞伎座風に一変した。その開場式に私も招待され、挨拶に立った大谷竹次郎松竹社長の話を聞きながら、一つの時代の変わり目をまざまざと感じさせられた。大博劇場創立の時、株主の一人として開場式に臨んだ松竹の白井松次郎会長は、前々年の昭和二十六年一月に既に亡くなっている。戦後まで生き残った大博劇場におなじみの俳優諸氏も、白井会長の亡くなる前後に梅玉・幸四郎・菊五郎・延若の順で、次々と亡くなってしまった。

大谷社長は話の中で「福岡のような大都会に、立派な大劇場が無いというのはおかしい。この大博劇場を文化のシンボルとして盛り立てて行くのは市民の義務……」というような意味のことを言って、盛んに旗振りをしていたが、私は心の中に、大谷社長のお膝元の東京の劇界の状況を思いながら、白けた気持ちでその話を聞いていた。

そのころの東京は、歌舞伎座の復興はあったものの、折角の焼け残った東京劇場は、昭和二十五年の十二月からロードショウの映画館になってしまったし、松竹傘下の劇場で、一応歌舞伎常打の名目を立てられるのは、歌舞伎座がただ一つというさびしさである。大博劇場自身、開場式以後は専門の芝居小屋にはならず、常は大映映画の封切場、芝居の時だけ映画を休むという二足のわらじの中途半端なものになった。東京や福岡だけでなく、全国的に映画館に転向する劇場が続々と増えていく。今までどうしても過去のものとは考えられなかった芝居というものが、急に歴史の中に閉じこめられてしまうような心細さを感じたのはこの時である。せめて自分たちの知っているものだけでも記録して置かなければと、せき立てられる気持ちでとりあえず母の話を書き留めることにした。

その時は、母の話を手始めに……というつもりで、続いてほかの記録もできるだけと思っていたのだが、劇場を離れて勤め始めた学校の仕事が日を追うて忙しくなり、その上に身辺の余儀ない事情も加わって、寸暇の余裕もない生活に埋没してしまったので、せっかくの母の話の記録さえ、読み返す間もないままに、長い年月が過ぎてしまった。

数年前、ようやく仕事に暇を得たので、まず母の話を確かな記録と照合して確実なものにしたいと、古い新聞や参考になる文献の調査を始めた。そしてそこで気づいたことは、母の話にしろ、父の話にしろ、それぞれに経験したまぎれもない事実であったとしても、そのままでは単なるわが家の側からの覚え書きに過ぎないのではないかということである。同じことにかかわった他の立場からの見解も、同時代の同業者の状況も確かめてみなければならないし、日本全体とまではいかなくても、少なくとも、福岡地方の芝居の様子も知った上でなければ、他人にも通用する記録にはなりにくい。もう少し前なら、実際にそれに携わった人たちも多く健在で、その人たちにこまめに当たって話を確かめることもできたのだが、まるで一つの時代の幕を閉じるように、父と同世代の芝居関係の人たちも次々と亡くなって、今はもう殆ど居ない。中に戦争をはさんでいるので、散逸した資料も多い。

調査しなければならないものがあまりに多くて、演劇史への漠然とした期待など、遙かかなたへ遠のいてしまい、一時はまったく絶望的な気分にもなったのだが、そこでまた思い返した。他日だれか地方の演劇史を纏めてみようという殊勝な人があらわれたとしても、今のままではあまりに資料が少な過ぎる。いつ、どこで、何を上演したかという年表的なことは調べる術《すべ》もあるけれど、その時々の舞台を、その時々の見物がどんな思いで見てきたか、その生《なま》の心に触れることはむずかしい。今度古い新聞記事を調べてみて、正式の劇評でなくても読者の投書や評判記めいたものでも、舞台の面影を探るのに、どんなに貴重な手がかりになるかを思い知った。とすれば、小さい時から芝居小屋の中をうろうろして、実感として得たことや、見たり聞いたりしたことは、たとい我が家の側からの私見が交じることになっても、やはり記録しておくべきではないだろうか。

大正12年4月に来演した柳永二郎（右端）などとともに、左から3人目が武田米吉。1人おいて、武田正憲、さらに一人おいて河合武雄、常盤館にて

昭和15年2月、市川市藏·林長三郎一座石堂地蔵参拝記念、松源寺にて

昭和の始め頃、大博劇場での劇団の巡業記念写真

戦前、博多券番踊りの舞台

第三章　わたしの芝居見物

本家茶屋

「九州劇場」には、福岡で初めての「本家茶屋《ほんけぢやや》」というものができた。通称「本家《ほんけ》」という。芝居茶屋のような役割をするが、独立の商売ではなく、劇場付属の形になっている。後にできた「大博劇場」にも同じような「本家」があったので、福岡ではそれに馴れて、他の土地の芝居茶屋との違いにも気づかず、全国どこにでも通用する制度と思っていたが、どうもそうではないらしい。

九州劇場開場の前年、明治四十四（一九一一）年三月、東京では「帝国劇場」が開場したが、その西洋風の豪華な建物だけでなく、芝居茶屋出方《でかた》廃止、椅子席、切符制という革新的な興行法が脅威となり、東京では「歌舞伎座」「本郷座」など従来の劇場でも、座付《ざつき》の案内所を設けて芝居茶屋廃止の方向へ進むものが多くなってきた（明治四十一年一月、ヨーロッパから帰った左団次（市川・二代目）が、帰朝第一回興行に茶屋全廃の革新案を実行して警察隊の出動する妨害騒動になった頃とは既に時勢が違っていた）。

九州劇場の本家茶屋というのは、その座付の案内所に芝居茶屋を加味したようなもので、本式の茶屋ではないから、二階で一休みという訳にはいかないが、場取りから座席の案内、弁当、茶、火、その他下足の世話まで一切をお茶子がすることになっている。「本家」という名は、大阪の道頓堀で前茶屋（芝居茶屋）に対して座付の案内所をさして言ったもので、それをそのまま使ったものらしい。

面白いのは、同じ「本家」でも九州劇場ではその説明に「又中売一切を廃して茶屋を設け……特権の観客は之から切符を買はずに出入りする事とし……」と茶屋の面を強調しているが、大博劇場の方はその開場式の案内書きにも茶屋という言葉を全く使わず、「本家案内所」として説明していることである。お茶子も「女給仕」と記され、「案内女給仕には祝儀一切お断り申します。特に御恵与の場合は一組金三十銭宛《ずつ》以下と言ふことに願ひ上げます」とか「本家案内所より入場の方は火鉢案内料とも一人金拾五銭より廿銭とし、興行の都度之を定めて申受けます」という細かな説明もついている。お茶子の呼び名も大博劇場では従来のおみつさん・おさとさん……というのでなく、一号・二号・三号・四号……と番号で呼んだ。たしか「三十三号さん」くらいまであったと思う。

二つの劇場開場の間には八年間の開きがあり、その間に一般の風潮が茶屋廃止の方向に傾いていったので、大博劇場の場合は茶屋風のわずらわしさを感じさせないために、こういう配慮が必要だったのだろうが、結局はどちらもほぼ同じ内容、前記本家茶屋のようなものに定着していった。そして茶屋と案内所と二つの言葉がどちらも消え失せ、ただ共通の「本家」という呼び名だけ生き残った訳である。

九州劇場の本家は劇場の南側（劇場正面に向かって左）に続く二階家で、劇場の建物とは廊下と簀子《すのこ》の踏板でつながっている（大正十二〈一九二三〉年、火災後再建の九州劇場では、本家は前とは反対に北側〈電車道側〉に設けられた）。本家の二階の表側は普通の住居だが、奥の方は賄《まかな》いと呼ばれる雑用宿に続いている。旅館に入れない下廻りや、地方廻りの芝居の宿舎だが、そちらの方へは出入りしたことがないので、どんな構造になっていたかわからない。

廊下の奥には広い料理場があり、客席に出す弁当やすしや酒の肴程度の料理を作る。専属のお茶子四人はたしかおつねさん、おやすさん、おさとさん、おみっつぁんだったと思う。売子はおなおさん、おときさん、おひでしゃん、板場は清《せい》ちゃん、手伝い卯吉《うきち》しゃん、賄いは江藤忠太郎こと忠さん。開場当時はこの本家と賄いを外部の人に請負わせていたのだが（姉たちの話では、はじめに九州劇場の本家を請け負っていたのは普賢堂の奥村という人だったそうである）、客もまだこういう制度に馴れないせいか、本家を利用するような芝居がたまにしかなかったせいか、間もなくやめてしまったので、その後を祖父が引き受けることになった。祖父の代になってからは、本家を利用する客も多くなり、常連もできて、次第に繁昌するようになったという。

忙しくなるにつれ、祖父はほとんど住込みで経営に当たることになったが、祖母が早く亡くなって独りなので、未亡人になった祖父の妹が長女と一緒に住み込んで、全体の見かじめと、祖父の身の廻りの世話をしてくれることになった。父もはじめは自分の商売の合間に帳場を手伝っていたが、芝居の景気が良くなって本家の開《あ》く日が多くなるにつれ、本業の八百屋を母にまかせ、本家の帳場に座ることが多くなった。その父にお弁当を持って行くのが、わたしたち子どもの役目だが、行けば自然芝居を覗いてくる。それに祖父が見かけによらず大の子ども好きなので、芝居があまり忙しくない時など引き止められればそのまま祖父の所に泊まる。そして翌日また芝居を見て、今度は父と一緒に帰る。こんなことがだんだん多くなった。小学校に行くようになってからは、もっぱら土曜日の晩に泊まって日曜の晩に帰ってきたものである。

幼い頃の著者（うしろ中央）姉妹と友達と

人気《ひとけ》のない昼間の芝居小屋はガランと広くて、ふしぎな場所のように思われる。幕のあがった薄暗い舞台に、裏側の骨を見せて立てかけられたいろいろの大道具、大きな太鼓のかかっている囃子部屋、誰もいなくて結界《けっかい》(枡席の仕切り)

ばかり目立つ客席、そんなものをチョコチョコ覗いては、本家と客席の通い道になっている簀子の板の上を行ったり来たり、開幕までの時間を一人で遊んだ。

こうして本家に泊まるようになってからの、わたしの芝居を見る場所は、「はなばこ」よりも二階の貴賓室の方が多くなった。貴賓室と言っても西の二階の一番先の一画を区切って出入りの扉をつけただけのもので、追込みの招待席に過ぎないのだが、これもやはり帝劇風の西洋趣味の影響だろうか、少し前にできた博多座にも後の大博劇場にも、場所こそ違え貴賓室とか貴賓席とか称するものが一応設けられている。枡席のようなはっきりした区切りがないので、子どものわたしなどが一人でもぐり込むのには格好の場所であった。

大正九年、大博劇場の設立で祖父が九州劇場から手を引くまで、この貴賓室の片隅で見せてもらった芝居の数々。ちょうどもの心のつく時だけに、それはまるで砂地が水を吸うように深く深く心に残った。

仁左衛門の初日（大正五年）

最低半月くらいの打ち日で、幾つも替り狂言を出した後、「忠臣蔵」でお名残りというような明治座時代の興行方は既に廃れて、この頃には精選された上演狂言を二の替りまでという、松竹流の合理的な短期興行が松竹以外の巡業にも一般的に定着してきた。興行の効率のいい土地を結ぶ交通網も発達してきて、一つ所に長く居据わる必要もなくなったし、受け入れる側もたまに来る大芝居を長く留めるより、中央で評判の芝居を少しでも多く招きたいという要望が強くなってきたのであろう。

明治座から十年ぶりの仁左衛門〔片岡・十一代目〕も、今度は松竹の巡業で八日間、二の替りまで。久々の来演ということもあって人気は上々。この芝居あたりになると、かなりわたしの記憶にも残っているが、一番強い印象は舞台そのものよりも、初日の本家の風景である。

例によって本家の帳場に坐っている父の所へお弁当を持って行った。いつもの通り芝居を見て遊んでくるつもりで行ったのだが、丁度入れこみの最中で、お客がどんどんつめかけてくる。お茶子が慣れないせいもあって、殺到するというようなお客をさばくのに、祖父も上り口に立って大車輪である。その熱気に驚いてぼうっと土間に立っていると、いつもは孫にやさしい祖父の、思いがけない大雷が落ちて来た。「こげな日に何《なん》しに来たとかあ、はよ帰れ」。その権幕に吹き飛ばされて、その日はそのまま芝居も見ずに帰った。もっともその後また見に行ったらしく、二階の貴賓室に連れて行ってあげた親類のおばあさんたちに新作の「聚楽《じゅらく》物語」の筋を教えてやって、ほめられたことを覚えている。

約半年ぶりの大芝居で、しかもそれが明治座以来の仁左衛門だから、お客も祖父も興奮していたのであろうが、あの殺気立つような勢いは、その後の九州劇場の上昇気流を暗示しているようで忘れられない思い出である。年が明けて大正六年から七、八、九年と九州劇場の全盛時代が続く。それはまた若い時から芝居にのめりこんで、芝居で苦労をし続けてきた祖父にとって、初めてめぐってきた得意の時代とも言えよう。

この芝居には子役上がりの千代之助時代の十三代目仁左衛門も来ていた。「堀川」（「近頃河《ちかごろかわ》原達引《らのたてひき》」）の稽古娘のおつるがかわいくて、引込みの花道の七三でのしぐさがどっと受けていた。よく憶えているのは猿廻しのある「堀川」と、やはり子役の出る「板額の門破り」（「和田合戦《わだかっせん》女舞鶴《おんなまいづる》」）、子役の出ない芝居では「聚楽物語」、肝腎の「桜時雨」（高安月郊作）も「菅原」（「菅原伝授手習鑑《すがわらでんじゅてならいかがみ》」）も「太十」（「絵本太功記《えほんたいこうき》」十段目）も全く憶えていない。ひょっとしたらお弁当を持って行っては夕方頃まで見て帰るので、遅い時間の芝居は見なかったのかも知れない。

多見之助（尾上、のち三代目多見蔵）は押出しのいい役者で、（「伽羅先代萩《めいぼくせんだいはぎ》」の）政岡《まさおか》ばりの片はずし（奥女中・武家女房などの役柄）に緋色の着付けが子どもの目にも立派に見えた。この芝居は両花道に鎧姿の子供武者が並ぶのが珍しかった。新聞評によれば聚楽物語は翻案ものの新作らしく、「脚本が生物《なまもの》であるだけ、ゾロゾロと筋を辿るので所謂甘い物に終るに過ぎぬ」と不評だが、「何れといへば、俳優より脚本の方が敗《まけ》て居る。唯桃山式の花やかさを覗《うかが》はせた事を取り柄として置く」とあるように、徳三郎（嵐・五代目、のち五代目璃寛）、のち五代の不破万作をはじめ美しい衣裳の美男美女がはでな大道具の舞台に並ぶ。関白秀次の右団次（市川・二代目）もこの頃はまだ若いので美しいとまではいかなくても、一応立派な舞台であった。その華やかさが子どもの心を捉えたのであろう。松竹の巡業になってこういう芝居の衣裳や道具は、おそらく立派になったことと思われる。

華やかさと言えば、こんな大芝居の時の場内の華やかさもまことに懐かしく思い出される。俳優に贈られたとりどりの意匠の引幕が幕ごとに変わるのを見るのも面白い。東西の二階桟敷の鴨居にかけて、天井から舟の帆が風をはらんだように斜めに取りつけられた繻子《しゅす》の垂幕。赤や青や光沢も美しいその幕に「片岡仁左衛門丈江」とか「尾上多見之助丈江」とか金糸銀糸で縫いつけられた白い文字が、下から仰ぐとくっきりと浮かんで見える。ふだんの芝居どことは打って変わって、心の浮き浮きするような雰囲気である。

二の替りの「大石良雄」、どういう訳かこの幕切れだけがわたしの記憶に残っている。およし役の徳三郎は顔の小さなほっそりとした役者で、青い色の熨斗目《のしめ》の紋付に長袴だけの姿で、金屏風を後に空《くう》を睨んで拳を握る、そんな場面がはっきりと目に浮かぶ。

裾野劇と仁和加のパロディー（大正六年）

大正六（一九一七）年の主な芝居は、まず三月の日本座来演に始まる（「演芸画報」では劇団名を新日本劇場と呼んでいるが、福岡では新聞の報道も日本座となっている）。出しものは、劇団の主宰者である佐藤紅緑《こうろく》の裾野劇。同氏の小説「裾野」の劇化だが、なぜか劇をつけて「裾野劇」と呼ばれる。一座は、日疋重亮・元安豊・高橋義信・小笠原茂夫等、女優には久松喜世子・五月のぶ子などがいる。姉の話では、紅緑夫人の三笠萬里子が妊娠で来られなくなったので、五月のぶ子がその持役の妹娘の仮名子を代わって演じたのだという。久松喜世子のおとなしい姉娘と対照的な、勝気なハイカラ娘という役柄だが、その敵役ぶりが新鮮で目についた。

「福日」の劇評（秋楼）に「伊井（蓉峰）だの高田（実）だのと、兎角名に依って客を呼んだ芝居に比すれば、日本座の如き全く白無垢の真剣であるから、因襲的空気を認めないので気持ちがよい。而して無名の俳優が手一杯に活動するのは愉快である」とか「所作等には新派役者の型や癖を取ったものもあり、舞台の調和を全うしない向もあるが、教育のある役者が因襲を捨て飜訳を捨て、何物かを求めねば止まぬ強烈なる努力を覗ひ得るのである」などと書かれているのを見ても、お定まりのお囃子を使わぬ演出の態度から考えても、この座の目ざす芝居の雰囲気はおよそ想像ができよう。わたしの記憶に残っているところでも元安豊の役など、新派の二枚目とは一味違った目新しさがあった。

この芝居はかなりの好評であったようで、四月にもう一度博多入りして同じ裾野劇を出している。特に受けたのは四幕目の医師葉山浩蔵佗住居《わびずまい》の場、失意の果て発狂した浩蔵のため火事になるのだが、日疋の浩蔵の次第に狂っていく演技の巧さもさることながら、その火事場の、

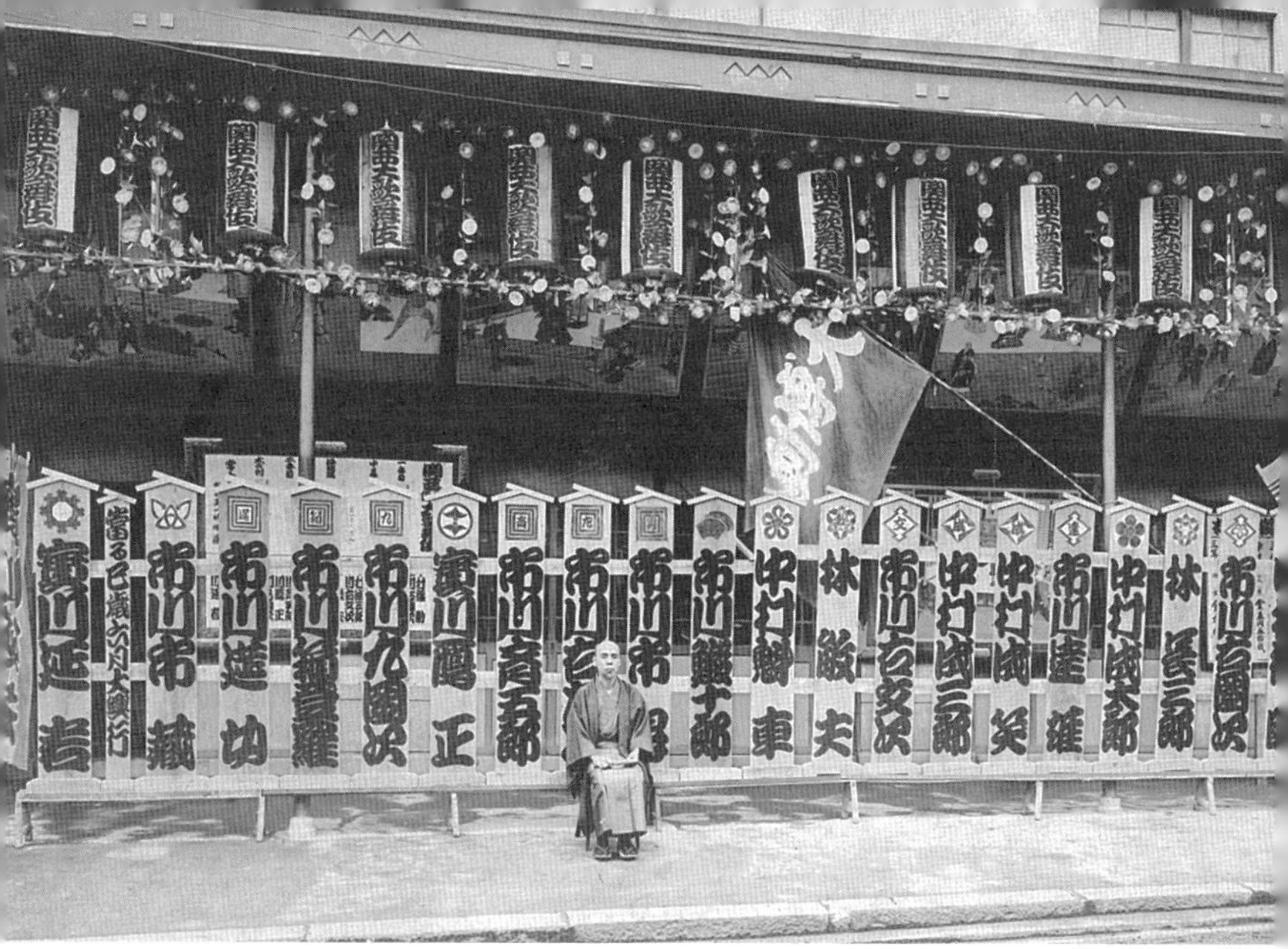

昭和４年、関西大歌舞伎一座の公演で、大博劇場の招き看板とその筆者・茨木市之助

吹矢火を使って火の手を見せる大道具の仕掛けが評判で、わたしの記憶もこの場面が一番はっきりしている。

それが受けたということは、この後五月に開演した泉組の博多仁和加が、この大道具をそっくり使って、そのパロディーを上演したことでも察しられる。題は何であったか忘れたが、「それを使って撮影すれば写された人間はすっかり無慾になってしまうというふしぎな写真機が発明された」というところから始まる。その実験の手始めに強慾で評判の人を撮影しようということになり、それに選ばれたのが、泉組の座頭《ざがしら》格、清米《せいべい》ザン《さん》扮するところの主人公。自分が狙われていると知って、写真を撮らせないように、奇策を弄するおかしみのやり取りがいろいろとあった末、結局隠し撮りに写されて、次第に無慾になっていく。

　この辺からが見せどころ、発狂していく日疋の浩蔵の演技をそっくりなぞりながら、とぼけた仁和加の半面をつけた主人公のまじめくさった芝居をまことにおかしく演じていく。そして今までのけちとは打って変わって、一俵もの炭を風呂釜にくべたのがもとで、裾野劇と全く同じ火事場となる。ただし主人公にからむのは美女の久松喜世子ではなく、これも半面ボテかつら風の仁和加ジョーモンの女役、もとの芝居を見ているだけに、子どもでも結構面白かった（ジョーモンというのは本来美人の称だが、仁和加では半面だけでお化粧をしないから、首筋も手足も男のまま、この頃はかつらだけはさすがに張りぼてではなくなっていたが、所謂女形にならない女役、そのアンバランスが何ともおかしい。わたしたちも変なおしゃれの仕方をしていると、「何かいな、仁和加ジョーモンのごと」と笑われたものである）。

　博多仁和加は本来の政治や社会の諷刺のほかに、歌舞伎もどきの趣向や、こういう評判になった芝居の当てこみなどでも、大いに人気を沸かせていたようである。

　わたしは自分の見た仁和加の中では泉組のが一番面白いと思ったが、母たちはその前の時代の畳屋組の仁和加の方がもっと面白かったと言っていた。泉清米も、もとは畳屋組の一員で、明治四十（一九〇七）年に独立した。

　博多仁和加については井上精三著『博多風俗史　芸能編』（積文館、一九七五年）の「博多にわか」の項に詳しいが、それによるとわたしの見た泉組の仁和加などは、本来素人の芸能である博多仁和加が盛況の余勢で劇場に進出してプロ化への道を踏み出した。しかしまだ素人の旦那芸の面白さをどうにか保っているという、いわば博多仁和加本格派の末期に当たるものらしい。泉清米は若い時、川上音二郎の一座に加わったこともあって、その仁和加の発想にも芝居味が勝っていたが、それでも本業は水茶屋のれんこん屋で、その相手役の与助ザン（高木与助）は桶屋町のガラ屋であったというように、座員一同それぞれに生業を持っていた。

泉組ではもう一つ大がかりなパロディーを見たことがある。大正八年五月、三年ぶり九州劇場来演の仁左衛門が「名工柿右衛門」（榎本虎彦作）で受けた後、八月の盆興行にこれが早速仁和加になった。当時問題の日本の鉄資源不足が前提にあり、それを補うために陶器《やきもの》で半鐘を造り出すというのがテーマである。その研究に打ち込んで柿右衛門ばりに気違い扱いされているのが清米扮する主人公。右団次のやった弟子栗作に当たるのが与助ザンの男仕《おことし》。我童の妹娘の代りが、典型的な仁和加のジョーモン、女仕《おなごし》のお熊ちゃん。愛之助の姉娘の穴は清米ザンの女房役で、芝居は巧いがちょっと女形風の、ちょっといやらしい嘉《か》あちゃんのごりょんさん、多見蔵のやった敵役はいつもそういう役廻りの清吉とか清右衛門とかいう人。役者も揃っているし、大詰めの窯場《かまば》など柿右衛門そのままの大道具で、最後の落《おち》はたしか「何が何とやらして半死半生（半鐘）になっとる」だったと思うが、どうも芝居につき過ぎて、大がかりの割に面白くなかったという印象がある。

その後、仁和加師がプロ化するにつれ、仁和加の規模も倭小化して、こういう仰々しい趣向を盛り込んだ仁和加など全く見られなくなった。

大正六年の幸四郎と菊五郎

大正六（一九一七）年五月（七日～十五日）、幸四郎〔松本・七代目〕二度目の九州劇場来演。一座は沢村長十郎〔七代目〕・沢村宗之助〔初代〕。

お目見得は「だんまり」、「鳥居前忠信」（『義経千本桜』）、「渡海屋」（同）、「枕獅子」「河内山」「乗合船」。どちらかと言えば無人《ぶにん》芝居だが、幸四郎・長十郎・宗之助の三人が出づっぱりの活躍で十分観客を楽しませたようである。幸四郎は宗之助の出しものである「枕獅子」でも長十郎を相手に間狂言の「宗論」まで務めている。

二の替りは「妹背山」「阿古屋」「高時」「幡随院長兵衛」「二人袴」。さらに十三日からは「大森彦七」を加えて三の替りとして上演、千秋楽には入場料割引というサービスぶりである。

この芝居で憶えているのは、大碇をかついだ知盛の入水の場（「渡海屋」）と、烏天狗に翻弄される所謂「高時」の天狗の舞。それに一枚の袴を二枚に割って二人ではき、後ろを見せないように踊る「二人袴」の滑稽と「大森彦七」の踊りの面白さ。得意の狂言の名場面を盛り沢山に組み合わせた「みどり」式の狂言立だから子どもには何のことやらわからないものもあったと思うが、それでも舞台顔の立派さと動きの素晴らしさが印象に残ったものと見える。殊に「大森彦七」は初演以来の好人気で、二度目の博多座でも出し、また今度もわざ〳〵加えたほどだから、一般にも受けていたのだろうが、子どもにも十分面白く思えた。

幸四郎はこの後も九州にはよく来ている。特に福岡では博多・小倉・久留米等の大都市だけでなく実にこまめに県内各地を廻っている。出しものも金ピカの時代ものが多く、そのまま羽子板の押絵になりそうな抜群の役者ぶりで、おまけに踊りが十八番ときているので、大芝居に馴れない地方に行っても、十分に見物を満足させることができる。後年福岡地方に築いた確固不動の人気の基は、こういうお客に親切な千両役者ぶりにあるのであろう。

幸四郎から一月遅れて菊五郎〔尾上・六代目〕が来た。九州劇場へは昨年に続き二度目の来演である。二の替りまで出した昨年と違って今度は三日間限り、一座も坂東彦三郎〔六代目〕、尾上菊次郎〔三代目〕、同菊三郎、紋三郎〔尾上〕、伊三郎〔尾上・二代目〕、中村翫助の一門だけである。博多へ来たのは六月だが、九州入りは早く、五月五日の小倉「常盤座」を振り出しに直方「日若座」、久留米「恵比須座」から遠く鹿児島の「鹿児島座」まで足を延ばし、また八幡の「旭座」に戻るなど、四十日ばかりのかなりハードな九州巡業である。今回も山田興行部の手によるものだが、その主宰者山田重助という人は、かなりの興行武勇伝の持ち主で、若い頃の菊五郎を引っぱり廻して山越えまでさせたというのは多分このときの巡業ではなかったろうか。新聞には「博多九州劇場にはさきに幸四郎の一派東京役者の芸風を見せ、今度復《ま》た菊五郎等市村座の若手連十六日より開演せり。菊五郎は四十日内外の日数を買はれて九州の場末場末を経廻り、博多には来らざる筈なりしも贔屓連の呼声もだし難く、恩を着せての来演なり……」（「福日」六月十八日、秋楼）と報道されている。

出しものは他の土地ではお目見得に「だんまり」「千本桜」「土蜘蛛」「新皿屋敷」、替り芸題に「日本晴伊賀仇討」（七幕）、「連獅子」を出しているが、博多では「錣引《しころびき》」「五斗兵衛（「南《なん》蛮鉄後藤目貫《ばんてつごとうのめぬき》」）」「土蜘蛛」、「め組の喧嘩」（「神明恵和合取組《かみのめぐみわごうのとりくみ》」）で、十八日の千秋楽にはさらに「連獅子」を加えたらしい。わたしが憶えているのは「五斗兵衛」と「め組の喧嘩」の一部だけ。

「め組の喧嘩」では「秋楼」の劇評に「……神明社内の喧嘩は鳶と相撲の聯合陸上運動会を見物する様にてフレーフレーの声援浴びせたかりし」と書かれた喧嘩場のところ。その後この芝居を見る機会はついになかったが、花道から駆け出て一気に屋根に駆け上がった鳶人足が、屋根からポンポンと瓦を投げおろしたり、裸の相撲とりが大きな丸太を振り廻したり、小気味のよい立ち廻りが忘れがたく心に残った。

「五斗兵衛」では泉の屋敷の所謂鉄砲場。これが記憶に残ったのは、やはり一つは子役の出る芝居だからだと思う。五斗兵衛の娘徳女、その母親の名が関女、この徳女とか関女とかいう呼び方もそれまでの芝居にはないことで珍しかったし、その可憐な徳女が自害するのだからそのあたりをよく憶えている訳である。関女は菊次郎、徳女は多分玉三郎〔坂東・四代目〕（後の勘弥〔守田・十四代目〕）だったのだろう。それにもう一つ、酔って踊る五斗兵衛の三番叟《さんばそう》。この芝居もこの時きり見ていないから、他の役者のがまぎれこむ隙はない、〔「忠臣蔵」〕七段目の由良さんのように髷《まげ》に白い紙切れをさげながら軽妙に動く姿が、前の筋など全く抜きにして残っているから面白い。

前の幸四郎にしても菊五郎にしても、壷にはまった歌舞伎の芸や役者ぶりには、理屈も何もわからない子どもの感性をもピタリと捕らえて放さないふしぎな魔力があるようだ。筋書や説明書を頼りに退屈そうに舞台を見て、歌舞伎の勉強とか言っている今の観客席を見ていると、何もわからないままふしぎな魅力にとりつかれていった自分たちの子ども時代を、つくづく幸せだったと思わずにはいられない。

貞奴の「アイダ」と町廻り（大正六年）

楽隊を先頭に人力車の列が町の中を練って行く。両側の家から走り出た人たちが、次々と人垣をつくる。パッとまかれたちらし広告に子どもたちがわっと集まる。大正六（一九一七）年十一月十日、川上貞奴引退興行の町廻りである。

わたしもその中にまじって一枚のビラを拾ったが、それには、今までの芝居とは違った変な衣装の女の写真があった。おかっぱのように肩に垂らした髪に、王冠風の髪飾りをつけ、その真中の額に当たるところに、大きな宝石がついている。両脇にピタリとつけて垂直におろした腕は手首のところから直角に外側に向かって指先を伸ばしている。つまりエジプトの風俗だが、初めて見る目にはまことに異様に映る。まわりの大人たちは口々に、「アイラ、アイラ」と言っていた。「アイラ」って何だろうと思ったが、実はこれは「アイダ」のこと。博多の人はダ行をラ行に訛る癖があるので「アイダ」が「アイラ」になってしまったのである。さらに詳しく言えば、歌劇「アイーダ」で知られているアントニオ・キスランツォーニの作を松居松葉《しょうよう》が新派向きに翻訳したものである。

引退興行は前月（十月）の東京明治座公演から始まったが、「アイダ」はその目玉の出しものである。もっともこういう事情が理解できたのはずっと後のこと。当時は人力車のどれが貞奴かもわからないまま、この「アイラ」と手首の形だけがピッタリ一つに重なって心に残り、この後も「アイラは？」と言われれば、すぐにこの手首の形をまねて見せたものである。

九州劇場での引退興行は十一日から八日間、一座には小織《さおり》桂一郎・福井茂兵衛等、大阪松竹の成美《せいび》団の一行が加わり、「アイダ」（五幕）のほかに「江戸紫」（五幕）を出している。二の替りは「アイダ」をそのままに、二番目だけをさしかえて貞奴の柏家夏吉で「雪の別れ路」（四幕）。

アイダの相手役のラダメスは梅島昇、エスオピア王アモナスロは小織、エジプト王女アムネリスは酒井欣弥という配役。東京でのラダメス伊井蓉峰《ようほう》、エスオピア王東儀鉄笛《てってき》、王女アムネリス河合武雄という顔ぶれに比べるとちょっと小粒ではあるが、それでも結構人気がよくて大入りを続けたようだ。

無論わたしも見に行ったが、町廻りで好奇心をそそられたあの風俗の女たちが幾人も出てくるのはやはり珍しかったし、土牢の場というような変わった舞台があるのも面白かった。戦後になって、たまたまイタリア歌劇「アイーダ」を見る機会があって、この土牢の場も見たが、その大掛りな舞台の仕掛に驚きながらも、昔見た「アイダ」の芝居の、比較にならぬ簡素な舞台が、それなりに似た雰囲気を出していたことを、まことに懐かしく思い出したものである。言なお歌劇「アイーダ」では初めのうちヒロイン、アイーダの所在がわからずとまどった。言葉のわからないこともあったが、それよりも貞奴の先入観が、出演者の中に可憐な美女のアイーダばかりを探し求めさせていたのである。ところがアイーダは白人でもエジプト人でもなく、エチオピア（エスオピア）の王女、マラソンのアベベ選手と同じチョコレート色のお姫様であったのだ。そのことに気がついたら、何十年もの長い間の誤解がおかしくて、ひとり苦笑させられた。外国ものの新派的翻案の一つの型とでも言うのであろうか。

貞奴の引退興行「アイダ」はその後各地で上演されたらしく、翌大正七年十一月には大阪「中座」でも上演、ほぼ東京と同じく伊井・河合・喜多村等が共演している。

この貞奴の町廻りのことが記憶に残ったのは、アイダの芝居の珍しさもあるけれど、この頃はもう町廻り自体が珍しいものになりかけていたからではないかとも思われる。大正四年頃までは吉右衛門〔中村・初代〕・歌六〔中村・三代目〕一座も、幸四郎も、初めて博多入りした歌右衛門〔中村・五代目〕も、人力車をつらねて、お定まりの町廻りをしているが、大正五年にもなると、十一月に十年ぶり来演の仁左衛門の乗込みにも「座員約百名は昨日中に博多に乗込み旅館に入り、多勢の事とて町廻りはなさず……」という新聞記事が見られるようになる。

町廻りをする場合、俳優は二日前に乗込み、翌日十時頃から花火を合図に花々しく町廻りをして、その翌日初日を開けるというのが普通だが、松竹の巡業が多くなってから、座員百名はオーバーにしても、たしかに大掛りになってきたし、以前のように半月も一月も居坐るというのではなく、短時日で効率よく各地を廻るという興行法では、町廻りは不要のものになってくる。宣伝法も多様になったし、自然すたれて行ったのだろう。

新派はあまり町廻りはしないようだが、大正三年五月、博多座に来た伊井蓉峰などは、同じ時に九州劇場に乗り込んだ吉右衛門・宗十郎〔沢村・七代目〕・宗之助一座に対抗したものか「昨日午前十時箱崎宮に参詣し、囃し台、人気幟《のぼり》、楽隊を前後にして造花を以て装飾したる十数台の人力車を連ね、両新聞社並に三券番を経て花々しき町廻りをなしたるが愈々本日午後三時より開演」(「福日」五月二十八日)と、はでな町廻りをやっている。川上音二郎は町廻りこそしないが、来演の都度マチネーの「浮かれ胡弓」などに各小学校の生徒・職員を招待するとか、盛大な乗込式をするとか、郵便配達人・鉄道駅夫・新聞配達人等、蔭で働く人たちの慰労とか、独特の企画で話題を提供している。

明治時代、まだ新聞も十分普及していない頃、町廻りは唯一の宣伝行事として町の人を熱狂させたものらしい。

須磨子の記憶「生ける屍」（大正七年）

松井須磨子の芸術座は、大正四（一五一五）年の初演に続いて大正五年三月、大正七年二月と三回博多に来演している。

松井須磨子の記憶と言っても、わたしの憶えているのはかの有名なカチューシャ（「復活」）のことではない。いつも芝居見のお供をする祖母たちには、須磨子の新しい芝居など無縁のものだから、大正四年の「復活」も翌年の「サロメ」も見ていない。わたしの記憶に残るのは、ようよう第三回目来演のときの「生ける屍」ただ一つである。

わたしが「生ける屍」を見ることができたのは、全く偶然のこと。その頃、祖父の隠居家《や》になっていた裏の家の二階を大学生の夫婦が借りていた。祖父はもう九州劇場の本家に住込んで、隠居家は空き家同然になっていた。大学生といっても、昔の、それも医学部の学生だから、今よりずっと年配で、奥さんどころか子持ちの人も多かった。この夫婦には子どもがなく、わたしを子どもがわりにかわいがって、よく方々に連れて歩いた。この大学生夫婦のおかげで、松井須磨子の博多での最後の舞台を、辛うじて覗くことができた訳である。

小学校に上がるちょっと前の数え年八歳、芝居の詳しい筋道などわかるとも思われないが、その舞台の感動はなぜか心に焼きついて、忘れられないものになった。

よく憶えている場面の一つはジプシーの酒場。「憎いアン畜生は……」とか「今度生まれたらロバに乗っておいで……」女たちが唄い騒ぐ中で、わざわざ自分を迎えに来た妻と妹を追い返し、ポケットの貨幣の幾枚かをテーブルの上に投げ出して、「マーシャの唄を、マーシャの唄を」と酔いしれる主人公フェージャ。その前に現れて、ずっと立ったまま須磨子の歌う「さすらいの唄」(「行こうか戻ろうかオーロラの下を、ロシヤは北国果て知らず、西は夕焼け東は夜明け、鐘が鳴ります中空に」)は、一世を風靡した「カチューシャの唄」よりも、舞台の実感があるだけに、わたしにとっては感慨深い。

次はフェージャの部屋。ピストル自殺しようとするところへ駆けつけたマーシャが必死になってドアーを叩く……。前後の筋は抜き、その必死な舞台の雰囲気だけが妙に記憶に残っている。

そして最後、今は幸せな再婚をした妻が、子どもを交えてベランダのような所で楽しい食卓を囲んでいる。それを物陰にひそんで見つめる漂泊の二人。スポットライトに浮き出た二人の姿が、子ども心にかわいそうでかわいそうでならなかったのを憶えている。

肝腎の松井須磨子その人については、どちらかといえば背の低い、まるっこい体つきと、ふんわり背中まで垂らしたウェーブのある髪の毛と……そんなことくらいしか記憶に残っていないのだが、この芝居の印象は強く、おそらくこのあたりから、見た目の面白さだけでなく、人と人とのからみ合う芝居の中味の面白さへと、興味の目を開かれていったのではないかと思われる。

この時のフェージャは中井哲、妻のリーザは三好栄子。沢田正二郎は既に芸術座を去って、新国劇の旗上げをしており、第一回、第二回の顔ぶれで残っているのは田辺若男くらいで、新しく辻野良一の名が見える。

この芸術座の「生ける屍」はトルストイ原作、島村抱月・川村花菱《かりょう》補訳となっているが、宗教に基づく厳しい社会的背景の中での、フェージャとその妻リーザ、後の夫になるカレーニンとの心の葛藤の重さにはあまり捉われず、原作の中の「マーシャとフェージャ」のくだりだけを生かして翻案されたと言っていいくらい、日本の芝居に消化されている。劇中歌「さすらいの唄」で描き出される雰囲気と原作の色合いとは大分違っているが、到底日本人には理解できない面には敢えて触れず、松井須磨子の資質をジプシー娘マーシャの中に生かしたところに、この芝居の大成功があったものと思われる。それがまた、小山内薫等の、トルストイを曲めるものという攻撃の種になったものでもあろうが……。

片岡青年劇と厳笑の芝居（大正七～十一年）

大正七（一九一八）年の歌舞伎のしめくくりは、若手ばかりの一座である片岡青年劇である。詳しく言えば、片岡仁左衛門の指導による東京歌舞伎青年団となるのだが、通称片岡青年劇で親しまれた。片岡当蔵を座頭格に片岡太郎・二郎・千代左・千嘉良・鶴松等若手ばかりの一座である。前に片岡仁左衛門が自力で開いていた「少年俳優養成所」の生徒たちであろうが、この頃まで仁左衛門が実際に指導の責任を持っていたかどうかはわからない。おそらくは明治三十年代に片岡秀郎・嵐吉松郎・中村雁童などの少年芝居で腕を揮った山森三九郎（当時松竹外交部長）の企画と思われるが、七月の左団次以来めぼしい歌舞伎の来なかった博多ではなかなかの人気で、十一月十三日から二十日までだったのが二十二日まで日延べして、四の替りまでの予定の上に、お名残りの「忠臣蔵」まで出している。

仁左衛門ばりの「堀川」と美しい二枚目の太郎の「切られ与三郎」が結構受けていたようである。わたしは「玄冶店《げんやだな》」という芝居はこの時初めて見たのだが、江戸の世話狂言が珍しかったのが一番印象に残っている。

お名残りは「忠臣蔵」だが、千秋楽にはお好みにより「切られ与三郎」が加えられた。「沼津」は平作（当蔵）、重兵衛（太郎）、毛谷村六助（当蔵）、おその（千代左）。「五人男」は日本駄右衛（二郎）、弁天小僧（太郎）、南郷力丸（当蔵）。二郎というのは重宝な役者で、「太功記」で光秀をするかと思えば「白石噺」では宮城野をするし、老役《ふけ》も務める。「忠臣蔵」では師直・由良之助（当蔵）、判官勘平（太郎）、おかる（千代左）、また脇役には千嘉良・鶴松というように若手ながらつりあいのとれた配役で、出し物の取り合わせもいいので、この初お目見得で人気を得て、この後座組は変わりながらも度々青年劇で来演することになる。

嵐巌笑は翌大正八年十月に三度目の来演をはたしている。この時の一座は嵐吉三郎、広三郎、尾上喜久太郎、市川滝十郎など、二十四日から四日間で二の替りまで出している。

お目見得は「だんまり」「黒田騒動」「石切梶原」「重の井子別れ」「封印切」。

二の替りは「堀部安兵衛」「那須与市西海硯（乳母争い）」「石井常右衛門」。

わたしは「乳母争い」など大正八年の芝居をよく憶えている。もっともそれは巌笑自身のせいではなく、中村福呂という巧い子役のおかげである。

「乳母争い」という芝居は巌笑得意のものらしく、大正七年六月、京都南座の我童（片岡・四代目、のち十二代目仁左衛門）・吉三郎（嵐・六代目）・右団次・大吉（浅尾・四代目）（浅尾関十郎改め）の一座でも出しものにしている。

平家追討のため西海に出陣する那須与市に二人の息子がある。兄小太郎の乳母篠原が巌笑、弟駒若の乳母照葉が吉三郎。お互いの養い君大事と張り合う二人の乳母を、達者な二人が手一杯に演じて見せる。父の与市は出陣の供を願う二人の兄弟に扇の的の競射を命じる。兄小太郎を後継者として残したいと思った父はわざと外《そ》れ矢を渡して射ち損じさせ、勝った弟を供に連れることになる。それを恥じて自害しようとする小太郎を止めた篠原は、裏山に出る妖怪を退治して、それを手柄に供を願えと励まし、自ら変化《へんげ》になりすまして小太郎に討たれる。乳母の苦衷を察した与市は真意を明かして、出陣の供を許す。兄弟供に馬上で出陣の勇ましい姿を見て、乳母は笑って落ち入るという筋立て。

二人の乳母の芝居上手がこんな型の如き芝居にも結構見せ場を作り、狐の面をつけて変化《へんげ》になった巌笑が、だんまりもどきの大舞台を見せるのだが、それでもやはり、小太郎という名子役の媒体がなかったら、わたしの記憶に残ることもなかったろうと思われる。福呂という子役は、博多には大正四年の「実録先代萩」の千代松以来のおなじみで、今度のお目見得狂言の「重《しげ》の井子《いこ》別れ」の馬方三吉でも大人気であった。

かつては鴈治郎と妍《けん》を競った伊左衛門や忠兵衛など、今でも一応出しものにはしているものの、もはや二流の銘柄に落ちてしまったのは、巌笑がいつまでもこういう腕に覚えの歌舞伎の技法の中にだけ、停滞していたからではないだろうか。

団菊〔九代目市川団十郎と五代目尾上菊五郎〕から菊吉〔六代目尾上菊五郎と初代中村吉右衛門〕への歌舞伎の流れが、高尚なものを目指すあまり、本来歌舞伎が泥臭さの中に持っていた独特の面白さを振り捨ててしまった。それが歌舞伎をつまらなくしたというような議論をよく聞く。議論だけでなく、その実験の一つとして、博多に来た猿之助〔市川・三代目〕が、美濃地方とやらの地廻りの歌舞伎の型を採り入れた「安達の三」（「奥州安達原」三段目）を見せてくれた。それを見ながら思ったこと――まず、心に浮かんだのは、昔なじんだ芝居、巌笑、吉三郎など手だれの役者連中の舞台である。彼らの舞台は猿之助が見せてくれたものより、はるかにコクがあり、華麗であり、糸に乗ったサワリなど、子どもでも真似てみたくなるような、程《ほど》のよい巧さもあった。がしかし、そういう芝居にばかり取りまかれていると、子どもでさえ飽きが来る。明治末期から大正にかけて、長いなじみの上方の芝居から、急速に東京の芝居の方へ引かれて行った博多の芝居好連中の気持ちにもうなずかれるものがある。

団菊から菊吉への歌舞伎の流れは、歌舞伎の持っている技法を敢えて抑えて、しかもそれを越える新しい芝居の妙味を創り出そうとしたものではなかったか。その探究の中で歌舞伎は新しい時代に生き返った。少なくとも、わたしなどはその流れのおかげで、新劇・新派・歌舞伎等々の枠を超越した芝居の醍醐味に触れることができたと思っている。歌舞伎をつまらなくしたのは、肝腎の「新しく芝居を創り出すこと」を忘れて、それをただ演技の型として受け止めてきた後継者の未熟さにあるのではないか……と大きな疑問が残った。「鳥辺山心中」や「番町皿屋敷」など、左団次の一連の新歌舞伎さえ、今はただ型ものとして受け継がれ、新歌舞伎の「新」の字が抜けてしまっているのだから。

前の巌笑の芝居にしてもこの青年劇にしても、来演の都度、歌舞伎のいろいろの狂言を随分幅ひろく、そしてわかり易く面白く見せてくれた。わたしにとっては恰好の歌舞伎の手ほどきであったと言えよう。

天勝の人気

美しい布を一振りすると、あらふしぎ、空《から》だった銀のお盆に山もりのキャラメルが現われる。

「お子様方の好きな森永のミルクキャラメルでございます」

新派の河合武雄を女にしたような美貌に、こぼれるような笑みをたたえて、そのキャラメルをパッパッと客席にまいて行く。はじけるような子供たちの歓声 ―― 天勝の奇術の中で必ず見られる風景である。

もう一つは「赤玉ポートワイン」。客席から舞台に上げられた男の客がこわごわ捧げているコップの中へ、出てくる筈のない空の器から赤いワインがさあっと注《つ》がれる。男の客のとまどい顔、客席の笑い声 ―― 今のコマーシャルのはしりだが、奇術の中で行われるだけに効果がある。ミルクキャラメル、ポートワイン、当時としてはそれだけで何となくしゃれた感じになったものである。時代の好みの新しさを敏感に捉える発想、それが天勝の一つの魅力である。

松旭斎天勝が初めて博多に来たのは、明治三十九（一九〇五）年九月、師匠天一(注1)一座の花形として明治座にお目見得した。天一が滞米四年の成果である西洋大魔術やアメリカ風のバラエティショウをみやげに帰国したのは明治三十八年九月だから、ちょうど一年の後になる。「一座は天一を始めとして、米人デラニー、英人ルー、天勝女其の他数名にて、出演番組四十余種、就中《なかんずく》、大切《おおぎり》の観客頭上の魚釣、電気応用自由噴水の如きは頗る大仕掛にて、多大の喝采を博し、来りたり」(「福日」九月二日)と紹介された。続いて四十一年九月、同じく天一一座で、今度は寿座に来演した。

天勝が独立の一座として来演したのはずっと後、大正四(一九一五)年十一月、九州劇場が初めてである。

次の来演は大正七年五月。この頃までの天勝は、わたしの記憶にはほとんど残っていない。姉たちの話で想像するだけだが、来演の都度人気を増していったようで、翌八年には一月と六月と二度も来演して大入り満員。女学生だけでなく、小学生の我々まで熱狂させる人気者になった。

大正八年一月(二十五日〜三十日)の呼びものは歌劇「血の様な椿」、六月の時(二十七日から六日間)は、お伽歌劇風の「羊の天下」を出したが、千秋楽には前回の「血の様な椿」が再演された。姉など女学生組は「血の様な椿」に大分熱をあげたようだが、わたしたち小学生組には「羊の天下」が面白かった。

この頃もう東京では浅草オペラ最盛期になっていたが、その流行の歌はすぐに伝わっても、地方ではその舞台を見ることはまだまだ難しい。天勝の芝居はその歌劇など洋風の舞台を地方に伝える唯一のもので、そういうものへの地方の観客の渇望を満たしてくれるものでもあったのである。

「羊の天下」など、母羊の留守中に狼に襲われた子羊たちが、時計の中に隠れてその難を免れた一番末っ子の羊の機転で、帰ってきた母羊から助けられるという、まことに他愛のない話だが、天勝秘蔵の娘子軍の歌あり、ダンスあり、奇術ありのオペレッタ風の芝居が十分観客を楽しませた。それに娘子軍の中には例えば末っ子羊になった亀子という女の子のように、アイドル的人気者になっている者もいた。美人ではないが、かわいくて柄も小さいので、子役のような役どころ、「小公子」のセドリックや三枚目風の役を得意とした。一時期、小天勝と呼ばれる美人のスターのいたこともある。

そしてフィナーレに見せる天勝の西洋大魔術……燕尾服風の上着に美しい脚線を見せた短いズボン、きらきらと光る黒いマント……天勝の舞台はいつも颯爽と水際立っている。きらびやかな道具と美しい少女たちを自在に使ってワン・ツー・スリー、ピストルの音を合図に次々と展開される不思議な世界……。天勝の人気にならって、松旭斎天華(注2)とか天左とか、いくつかの類似の奇術劇団も生まれたが、舞台の華麗さと劇的な面白さで、ついに天勝に及ぶものはでなかった。

天勝一座の観客サービスの一つに、奇術の合間に行われる名物の「カードまき」がある。カードはトランプくらいの大きさで、表は天勝をはじめ娘子軍など人気者のブロマイド、裏はおなじみ「赤玉ポートワイン」のＣＭである。舞台に出ている人たちが、客席にピューッと飛ばすのだが、どういうコツがあるのか、男の座員の中には二階や大向うまで鮮やかに飛ばして、観客をウオーッと驚かす者もいる。無論、女の子たちも愛嬌を振りまいて一緒に飛ばしてくれる。それを拾ったり貰ったりして真似て飛ばしてみるのだが、なかなか思うようには飛ばなかった。

このカードは舞台に上がって奇術の相手になってくれた人にもお礼に渡された。

この天勝一座のカードのサービスも、天勝の人気の衰える頃には、いつとはなく止めになっていたようだ。

（注1）松旭斎天一は、病気のため、明治四十五（一九一二）年一月、赤坂演技座出演を限りに引退した。同年六月死亡。天一は引退の時、弟子の天二に二代目天一を譲ったが、一座はこれを不満として分裂、単身独立を計ったが、天勝に野呂辰之助をはじめ大半の座員が合流し、明治四十五年四月浅草帝国館の柿落しに天勝一座として出演した。野呂は支配人として活躍、間もなく天勝と結婚した。

（注2）初代松旭斎天華第一回の来演は、大正九（一九二〇）年二月。松竹専属という肩書きがあるが、詳しいことは不明。天勝ばりに「呪」という芝居を上演している。六月にも今度は足立鶴子というトウダンスを売り物に来演している。大博劇場ができてからは、天勝は

もっぱら大博劇場に出演するようになったので、その後の九州劇場にはずっと天華が出ているが、足立鶴子が天華を襲名したり、人物にはいろいろ変遷があるようだ。松旭斎天左は大正九年五月来演、仏国女優ローザ参加日仏親善記念興行という名目がついている。

志賀廼家淡海と楽天会

第一次大戦による好景気は、一方では物価騰貴による米騒動など大きな社会問題をはらみながらも、一般勤労階級に経済的な余裕をもたらし、それがまた大衆演劇・大衆娯楽の空前の繁栄となった。その繁栄を如実に見せてくれるものの一つに明治四十四（一九一一）年五月に博多入りした志賀廼家淡海の喜劇がある。

博多に喜劇の看板があがったのは、遠く明治四十年にさかのぼる。旗挙げから三年経《た》った曽《そ》我廼家《がのや》五郎・十郎の大阪新喜劇が三月の寿座に来ている。「夜光の御霊」「一休問答」「ロストホープ」「かくれ蓑」など、曽我廼家初期の話題作が「福日」の劇評に懇切に取り上げられている（明治四十年三月二十九日）。しかし、上方地方のようには馴染みになれなかったものか、その後十年あまり五郎、十郎の来演は途絶えるし、喜劇という名も博多ではしばらく出てこない。それがまたぼつぼつ見られるようになるのは、明治四十四年五月、志賀廼家淡海初の博多入りの頃からである。

志賀廼家淡海はその名の通り滋賀県の人だが、中国九州地方を地盤として人気があった。博多では大阪喜劇八景国志賀廼家淡海という名で寄席の相生座に入っている。同じく四十四年九月にも今度は川丈座に来ているが、喜劇とは言っても、この頃はまだ毎日替りの手軽なもので、終わりにつけた余興の浪花節の節真似の方が、むしろ人気を集めていた。

九州劇場に来たのは大正二（一九一三）年四月が始まりだが、喜劇として人気を高めたのは、好景気時に入った大正六年十月、二回目の来演からであろう。この頃は出しものも二日替りになっているが、呼びものはやはり中幕余興の音曲である。戦争景気になれば「成金節」、大相撲の興行と一緒になれば早速新作の「相撲甚句」、戦争が終われば「平和節」というふうに、その時々に機敏に応じていく才気が、天性抜群の美声に加わって一層人気を盛り上げていく。最もお客が喜んだのは後に「淡海節」の名で呼ばれる「ヨイショコショ節」である。大正七年には四月と十二月の二回、翌八年の四月にもまた来演と、回を重ねるごとに人気は急上昇、博多での喜劇という芝居の定着は、淡海のヨイショコショのおかげと言ってもいい。

わたしが憶えている淡海は、どの来演の時なのかははっきりはわからないが、場内の雰囲気から大正八年四月のではないかと思う。喜劇の芝居の方はあまり憶えていないのだが、その一場面のような形で唄われる「ヨイショコショ」の印象は強烈である。淡海が一つ唄うごとに満員の客席には熱気が沸き立つ。その熱狂は今の人気歌手芝居の歌謡ショーにちょっと似ている。

「船を引き上げ、漁師は帰る」とか「櫓太鼓にふと目を覚まし」など、歌の文句も自然と覚えた。ヨイショコショのほかに、なぜか生意気にも「びんのほつれ」やその替え歌の「羽織着せかけ」の文句が耳に残った。

大正八年四月の興行は「博多打揚げ後は京阪巡業を終わり、満鮮地方に向かう由にて、当分のお別れ興行」という触れ込みだったが、実際にこの後、二年ばかり博多にご無沙汰することになった。淡海の人気に目をつけた松竹が、楽天会に続く第二の専属喜劇団体として傘下におさめ、この年の十一月、京都新京極の「歌舞伎座」に出演させ、それを振り出しに関西の松竹系の各劇場に出演させることになったのである。

淡海の松竹専属としての第一回の博多来演は大正十年一月、大博劇場である。

松竹のもう一つの専属喜劇団楽天会は大正六年七月、初めて九州に入っている。『松竹七十年史』によれば、楽天会の専属喜劇団としての発足は明治四十年四月十五日となっている。

明治三十七年二月、日露戦争開戦当時の道頓堀「浪花座」で旗挙げ、「無筆の号外」で大当たりした曽我廼家五郎十郎の改良喜劇に目をつけた松竹は、手に入れたばかりの京都「朝日座」に早速出演させ、三月から五月までと、八月から十月までと打ち続けて上々の成績をあげた。その後も朝日座には鶴家団十郎・宝楽・団五郎などの喜劇をかけて成功したので、ついに直属の喜劇団を作ることを思い立ち、明治四十年四月十五日、同じ朝日座で新喜劇団を発足させたのである。一座は、団五郎の弟子の団治や、曽我廼家を脱退した箱王、それに新玉・梅王・団若、新派の清川清・岡本不朽、座付き作者は伊東桜州と稲垣天外。

発足後、座員のチームワークのとれたところで、改めて劇団名を「楽天会」とつけ、箱王は中島楽翁、団冶は渋谷天外、清川は得川天華と名乗った。楽天会は結成後三年間は京都朝日座を本拠に、同じく京都の「岩神座」や「明治座」で腕を磨き、三年間の当たり狂言を精選して、明治四十三年、四月道頓堀の「朝日座」に進出、一躍天下に名を知られるようになったという。

その後は曽我廼家と肩を並べる喜劇団として、松竹のドル箱ともなったが、九州入りをした大正六年にはもうその全盛期を過ぎて下り坂になっていた。楽翁と共に劇団の二本柱であった天外が、前年の大正五年十二月、名古屋「御園座」出演中に三十七歳の若さで急逝してしまったのである。九州入りの一行は中島楽翁を頭に粂田通夫・得川天華・宮島弁天・田村楽太・山田昇楽・上田天晴・松尾天勝に天外の遺子渋谷一夫（二代目天外）が加わっていた。

松竹の巡業なので、宣伝も届いて狂言・配役なども詳しく新聞で報道され、「博多九州劇場の楽天会喜劇は一座粒揃ひにて軽妙なる芸風を見するより暑中に拘らず肩の張らぬ見物《みもの》として毎夜人気を占め、好評を博し居れる……」とか、「上品にして洒落なる芸風」などと好意的な紹介も見られる。七月十五日から二十二日までの予定が一日延期されたから、一応の成功は収められたようだが、とても淡海のヨイショコショに及ぶものではなかっただろう。家でも母が楽翁のことを噂していたのをちょっと聞いたことがあるくらいで、この頃の楽天会のことは何にも憶えていない。

楽天会は大正七年六月にも来ているが、二十八日から三日間だけで、新聞の報道も少ない。その次の来演は大正九年二月だが、この時は楽翁は来なかった。そして、その楽翁もその年の九月に亡くなった。楽天会はその後も新派の山田九州男などと合流して大博劇場にも来演した。わたしの記憶に残るりあげたのは、天外没後の楽天会は大博劇場になっての楽天会である。松竹が淡海を専属としてとりあげたのは、天外没後の楽天会を考慮して、それに替わる新しい喜劇団を養成しようとしたのであろう。その期待に応えて淡海はこの後、道頓堀の人気者になっていく。

曽我廼家喜劇の博多入り

寿座の初演（明治四十〈一九〇七〉年三月）から十年余りを経て、今度は九州劇場に二度目の博多入りをした五郎・十郎は、すでに一つの曽我廼家ではなく、五郎一座と十郎一座の二つの喜劇に分かれていた。

曽我廼家喜劇の人気が京阪・東京その他の各地にひろがっていくにつれ、曽我廼家何々とか何々会喜劇などと名乗る群小喜劇団も次第に多くなっていった。

博多でも志賀廼家淡海が御目見得する明治四十四年頃から曽我廼家千鳥、曽我廼家芝雀、大笑会喜劇、栄当家喜劇、鶴家団九郎等、喜劇を名乗る一座の来演が急に増えている。喜劇といってもとても五郎・十郎に及ぶものではないが、その喜劇人気上昇の間に、本家の曽我廼家では大きな危機を迎えていた。

もともと対照的な舞台振りの五郎、十郎はその喜劇に対する考え方にも対立的なものがあり、どちらも強い個性だけに、その対立は容易には打開できないものであったらしい。五郎は突然渡欧することを思い立った。外国の芝居に触れることによって新しい境地を開拓しようと思ったのであろうが、大正三（一九一四）年五月の大阪「中座」での渡欧お名残興行を終えて勇躍日本を出発した五郎は、着いたばかりで第一次世界大戦の勃発に出会ってしまったのである。いろいろ苦労の末、フランスからロンドンを経て、翌四年三月に無事帰国はしたものの、五郎出発の時から分離を決意していた十郎は、五郎の帰朝と共に袂を分つこととなった。曽我廼家兄弟劇はそれぞれに、五郎一座、十郎一座として自分の喜劇を創り出すことになったのである。

独立後まず博多に来たのは十郎の方で、大正七年十一月二十三日から十二月一日まで九日間、九州劇場に来演した。一座は月小夜・十次郎・一満・舞鶴等、狂言は五の替りまで出ている。
○お目見得　「一夜紳士」「刻一刻」「出世宗盛」「お祖母さん」「団扇喧嘩」
○二の替り　「御存より」「握り飯奇談」「手」「空念仏」「嶋の花」
○三の替り　「川中島」「石臼の臍」「老松」「傘と提灯」「汽車に注意すべし」
○四の替り　「エッキス光線」「風車」「唐木の看板」「有頂天」「無我夢中」
○五の替り　「太平楽」「舌」「腰弁長屋」「ぬれ手拭」「馬の耳に鐘」

五郎の来演は少し遅れて大正八年六月（十日から十八日まで）で、こちらの顔触れは、蝶六・太郎・大磯・亀鶴・小次郎・花菱・蝶太郎等。出しものはその替りまでである。

○お目見得　「油断大敵」「知行取り」「百孝の基」「奴さん」

○二の替り　「染直し」「家伝の一針」「真情」「水鉄砲」

○三の替り　「初対面」「四海波」「危機一髪」「御前角力」

渋谷天外〔二代目〕はその著『わが喜劇』〔三一書房、一九七二年〕の中に、五郎・十郎のコンビについて次のように語っている。

五郎・十郎は言うまでもない名コンビ。濃厚と淡泊・情熱と飄逸《ひょういつ》、二人の異質から生まれた曽我廼家の面白さであったのが分裂となった。片手で拍手はうてないはずで、コンビが割れたら両方とも一応不自由であったと思うが、両先輩すぐにコンビの相手をつくり上げたのである。五郎先生は弟子のなかから蝶六と言う異材の喜劇役者を選び出した。（中略）十郎師匠はやはり自分の弟子の十次郎を相手役とした。十次郎は二枚目であるがどこか滑稽感があり、二枚目半といった役者で舞台も五郎先生とはちがい、軽快な芸風である。五郎・十郎のお二人とも新しい相手を選ぶのに、今までとまるで違った芸風や容姿の役者であったのに、コンビの面白さを私は感じる。もっとも意見合わずして袂をわかった二人だから、五郎は十郎の模造品を選ばず十郎もまた、五郎と同型のものを求めなかったのはわかる。しかしあまりにも違った相手を選び出した理由はどこにあっただろう。プラス型の五郎はマイナス型の蝶六のその異質のなかに共通性を見出したのであろう。十郎もまたしかりである。

十次郎のことは知らないが、五郎と蝶六のコンビの妙味はその後三十年間、蝶六が病気で倒れるまで続いて、わたしたちも随分楽しませてもらったものである。この二つの喜劇がどういうふうに博多のお客に迎えられたかわからないが、戦争景気の最高潮の時代ではあるし、一応の盛況はあったであろうが、あの淡海のヨイショコショの大向うを熱狂させるような人気とは大分隔りがあったのではなかろうか。

五郎はこの後五年間全く九州には入っていないが、十郎はもう一度、大正九年五月（八日から十六日まで）に九州劇場に来ている。顔触れは月小夜・十次郎・舞鶴・十太郎・裾野道三・十童・時五郎・蝶三・十一・千鳥・紫雪等。

○お目見得「新清姫」「帯止」「西行法師」「赤い家青い家」

○二の替り「自慢の亭主」「孝行娘」「伊勢屋」「三世相」「自動電話」

○三の替り「掌中の玉」「若き妻」「古び行く女」「お得己」「御影の里」

芝居の筋が少々わからなくても、見た目の美しさや所作・囃子の面白さで子どもでも十分楽しめる歌舞伎と違って、喜劇は意味がわからなければそのおかしさも通用しないことが多い。そのせいか五郎も十郎もほとんど憶えていないのだが、どういう訳かおぼろげながら十郎の舞台姿だけが二つだけ印象に残っている。一つは初めに来た時の「手」という芝居である。

強盗が入って主人と番頭がどちらも片腕を切り落とされた。主人の遊び仲間の医者がそれをついでくれたのだが、あわてて二人の腕を取り違えてしまった。そのために茶屋遊びに出かけた主人が藤拳を始めると、留守番をしている番頭の色の白い主人の手の方がそれに合わせて動き出す、という他愛ない趣向だが、それがいかにもおかしかった。

もう一つは十郎の扮する大小、着流し黒頭巾に黒紋付というこしらえの侍が、舞台をヒョロヒョロ歩く姿。歌舞伎のタッチとは全く違うその歩き方が珍しかったのかも知れないが、後に読んだ十郎の飄逸《ひょういつ》な芸風というものを想像させるものでもある。二度目の三の替りに出した「御影の里」ではなかったかと思う。

この大正九年の来演を最後に、曽我廼家十郎の喜劇はついに博多では見られなかった。

大正八年の大歌舞伎　幸四郎と仁左衛門

大正八（一九一九）年の大歌舞伎は三月の幸四郎・宗十郎・宗之助・長十郎と、五月の仁左衛門一座である。

第一陣の松本幸四郎一行は三月三日から八日間、今度は宗十郎も加わった宗之助・長十郎・高丸等帝劇陣ばかりである。

出しものは「楼門五三桐」「酒井太鼓」「実録先代萩」「釣女」「里手組助六」「紅葉狩」。

二の替りは、「楼門五三桐」だけ据え置いて、「扇富士蓬莱曽我」「彦山権現誓助太刀」「苅萱堂」「操三番叟」「保名狂乱」。

九州劇場には名人気質の前田甚太郎という大道具の棟梁があり、これまでも大芝居の舞台でしばしば評判になっているが、この時の「五三桐」の楼門も見事な出来で、幸四郎の五右衛門と共に好評、二の替りまでこの狂言だけは据え置きになった。

竹田秋楼の新聞劇評は、「五三桐と助六」（三月五日）、「曽我と毛谷村」（三月九日）の二回にわたり、明治末以来好評の東京の芝居で、殊に馴染みになった幸四郎だから、全体に好意的に懇切にとり上げられているのだが、次のような面にも微妙に触れている。

総じて今度の芸題の取合せは余りに帝劇的に過ぎて調子の強気に失し、実の薄きに拘らず、眼を弾《はじ》く事夥しく、お負けに高麗屋の家の子郎党に至る迄、従来の芸風より遊離して、写実の弊に陥れるは著しき現象にして、假令《よし》時勢の推移に伴ふ誤りたる世間の要求あらんも歌舞伎劇の伝統的興味を愛する人は今少し時代気分を望むなるべし。（「福日」三月五日）

わたしのこの芝居の記憶は、「釣女」「紅葉狩」「毛谷村」など、芝居全体の雰囲気がおぼろげに残っているばかり。役者個人としては、なぜか宗之助の田毎姫（苅萱堂）の印象だけがはっきりしている。

片岡仁左衛門の今度の九州入りの第一のお目当ては長崎「南座」の改築柿落し興行にあったようである。五月三日の開場式後、十三日まで十日間開演、その後博多に廻って十五日に初日を出したのだが、仁左衛門の急病休演で二の替りの狂言を変更するなど、不慮の出来事もあったが、予定の二十二日千秋楽まで無事開演。やはりこの年一番の大芝居であった。前の幸四郎と違って、こちらの方の記憶は各狂言、各役々、妙に生き生きと残っている。

○お目見得　「鞍馬山のだんまり」（多見蔵襲名の口上一幕）、「玉藻前曦袂《たまものまえあさひのたもと》」、大森痴雪《ちせつ》作「松平長七郎」、「箱根権現霊験記（躄仇討）」、榎本破笠《はりゅう》作「名工柿右衛門」、「吉野山（塚本狐）」

○二の替り　「有識鎌倉山」（三浦泰村館から営中刃傷まで五幕）、「蔦糸蜘蛛舞」、「国訛《くになまり》嫩笈摺（どんどろ大師）」、榎本破笠作「来山」、「弁天娘女男白浪」（浜松屋から稲瀬川まで）

仁左衛門休演のため右のうち「来山」を右団次・我童の壺坂に変更、鎌倉山の佐野源左衛門を我童が代役で務め、観劇科を初日割引値段に引き下げて開演した。

一座は多見之助改め尾上多見蔵・片岡我童・市川右団次・片岡千代之助・浅尾大吉・片岡愛之助（後に嵐吉三郎を襲名した片岡当之助も若手で加わっている）。

前回来演（大正五年）の時、「堀川」の稽古娘でかわいらしかった千代之助がすくすくと大きくなって、「だんまり」では仁左衛門の僧正坊に牛若丸、「玉藻前」では采女之助を務めた。変声期で調子こそ頼りないが、一応の若手花形に成長している。所謂「玉藻前」三段目は初めて見る芝居と言うより、この時きり見たことのない芝居だが、多見之助改め多見蔵の萩の方と仁左衛門の金藤次と二人並んだ舞台は、三月の節句のオキアゲ(注)の人形が生きて動いているようだったし、同じ衣装の二人の姫が、蒔絵の双六盤を中に、ダイスを振るようにして賽《さい》を転がし、勝ち負けを競うのも珍しくて、筋も理屈も解らぬまま、結構一幕中面白かった。

「松平長七郎」は我童にはめて書かれた新作というが、この頃の我童はいかにも若く瑞々しく、その持味が、本来単調な芝居をさわやかな色どりにしていたようである。我童はこの狂言を得意として、その後博多でも二、三度上演したが、若さの新鮮味が失せるにつれ、つまらない芝居になっていった。

「箱根権現霊験記」は我童の初花、右団次の勝五郎のコンビに、多見蔵の滝口上野と奴筆助の二役、勝五郎の躄《いざり》車を引いた初花が、花道の七三で言うあのせりふ「もうしもうし勝五郎さん、ここらあたりは山家《やまが》ゆえ、紅葉《もみじ》があるのに雪が降る。さぞ寒かったでござんしょうなあ」というのは、わたしたちも覚えてよく真似をした。ということは、初めてこの芝居を見る子どもたちにも、子どもなりにその意味がのみこめて、面白かったということだろう。

幕明きのかゆの施行に五器をさげて集まるオンボロの群、燕手《えんで》のかつらのよく似合う堂々たる大敵《がたき》多見蔵の滝口上野、それが二役非人姿の奴筆助に変わって、小気味よい芝居をして花道を揚げ幕へ駆け込む。それから滝の場の霊験記と次々に見せ場があって飽きさせない。ずっと後の昭和十二（一九三七）年、大博劇場に来た左団次の一座で久々にこの芝居が出た。左団次の滝口上野に寿三郎の奴筆助、魁車の勝五郎、松蔦《しょうちょう》の初花で、なかなか立派な舞台であったが、左団次の滝口も寿三郎の筆助も、品はいいのだが何か歯切れの悪い、生硬な感じがしたのは、初めて見た多見蔵の印象が強かったせいであろう。

今度の出しもののうち一番の呼びものは、やはり新作物の「名工柿右衛門」である。明治三十九年には「桐一葉」を、十年ぶり来演の前回（大正五年）は「桜時雨」を持って来た仁左衛門は、今度もまた自信の新作ものを出しものの中心に据えている。新聞の劇評でもこれを第一に取り上げている。

　仁左衛門がこれを初めて上演したのは、大正元年十一月の東京歌舞伎座である。作者は座付の作者榎本破笠、初演の時の配役は、姉娘お通（門之助）、妹娘おたね（歌右衛門）、弟子栗作（羽左衛門）、有田屋五兵衛（中車）という豪華な顔触れでなかなかの好評。以来、仁左衛門得意の出しものになっている。前回に引き続き新作の名狂言を持って来たことは好意を以て迎えられたらしく、「……大芝居の巡業には、従来の中央集権式で、総《すべ》て遣口を大上段に構えて、狂言の選択など問題にしなかったが、今度は九州地に縁ある作物を二つ迄揃えてゐる。松平長七郎と名工柿右衛門が即ちそれである」（「福日」五月十七日、秋楼）と書かれている。

　今度の姉娘お通は片岡愛之助。器量がいいと言うほどではないが、「玉藻前」の桂姫を持役にするおとなしい舞台が、許婚から遠ざけられて身を投げて死ぬというあわれさに似合っている。我童・右団次はここでもコンビで、姉娘と対照的にはきはきと明るい妹娘おたねと、そのおたねに心を寄せながら全く相手にされない弟子の栗作という取合せ。師匠思いの正直者だが三枚目風の栗作を、右団次が意外にいやみなく演じ、我童のおたね共々よく受けていたようだ。多見蔵の有田屋五兵衛は、新聞評は今一つだが、その貫禄のある旦那ぶりは印象に残るものがある。

　仁左衛門の柿右衛門は二幕目の最初の出で、庭先の夕日に映える柿の実をじっと見上げる姿がまず心に残る。後年我童がこの役を受けついで上演したことがあるが、全く同じ扮装で同じような芝居をして見せるにもかかわらず、この最初の出のところから、舞台の雰囲気の違うことが感じられた。仁左衛門の柿右衛門は初演の時から定評のある専売もので、当然のことかも知れないが、時代ものや踊りと違ってきわ立った演技の記憶もないのに、その独特の人物像は、子どもの心にもくっきりと強い印象を残した。後に小学校の読本で「名工柿右衛門」というのを習った時、この仁左衛門の柿右衛門を思い出し思い出しして、ひとり楽しい勉強をしたことを憶えている。

大詰の皿山の場は、大道具前田甚太郎自慢の舞台。中央に据えられた大きな窯、その火を絶やすまいと薪の工面に必死の柿右衛門。乏しい薪をかき集めてくべながら、その一所懸命の中で、ふいと心の通い合うお種と栗作。遠くにあがる伊万里有田屋の火事の火の手、その緊迫した一幕の面白さは未だに心に残っている（この場面は一般にも受けたと見えて、この後泉組が仕組んだ仁和加のパロディーにそっくり使われたことは前述の通りである）。

二の替りは仁左衛門休演のため同じく榎本破笠《はりゅう》〔虎彦〕作の新作物「来山」は見られなかった。そのゴタゴタにまき込まれて、わたしたちもゆっくり芝居見ができなかったのか、二の替りは他の狂言もほとんど覚えていない。麻上下の侍ばかりが出て来る鎌倉山の刃傷の場が、珍しくてちょっと覚えているくらいである。

（注）オキアゲというのは羽子板の押絵のような手法で作られた一人立ちの人形で、下の方に

竹串をつけて畳にさして立てられるようになっている。雛壇の前に立体の錦絵のように並べる。わが家にも対面の工藤祐経に曽我兄弟の三人立ちのものや、浄瑠璃姫と牛若丸の二人立ちのものがあってお節句のたびに雛壇の前を賑わしたものである。そしてその曽我兄弟の五郎の方が九代目団十郎、十郎の方が五代目菊五郎の似顔絵になっていた。博多ではオキアゲの人形を作れるということも娘の教養の一つになっていたらしい。

中山歌子の「カルメン」(大正八年)

大正八(一九一九)年四月、今度は新しく旗上げしたばかりの新芸術座を九州に迎えることになった。

新芸術座の旗上げ公演は大正八年三月「有楽座」である。追悼公演の触れ込みで、一月四日まで須磨子〔松井〕がこの劇場で演じた「肉店」(中村吉蔵作)と「カルメン」(メリメ作、川村花菱脚色)がその出しものである。

抱月に続く須磨子の死で、芸術座はまたたく間に解体してしまったが、その後の座員の生活の問題もあるので、中井哲や経営部の山室貫一や中村吉蔵等の協議により、新芸術座を組織して松竹の手で旅興行に出ることになったのである。カルメンには帝劇洋劇部(歌劇部)出身の中山歌子を迎え、加藤精一、森英治郎が臨時加入することになった（大笹吉雄『日本現代演劇史』〔明治・大正篇、白水社、一九八五年〕による）。

九州巡業はほぼこの顔触れで、博多では四月十二日から五日間、九州劇場で開演している。中山歌子の博多来演は、先の（大正五年九月）日本バンドマン一座の「ヴェニスの夕」から二度目である。出しものは同じく「肉店」と「カルメン」。新聞では次のように紹介されている。

博多は故嶋村抱月氏松井須磨子の芸術座時代より特に贔屓連多き土地柄とて、今回も前人気頗る引立ち居れるが、『カルメン』は中村吉蔵・川村花菱両氏を舞台監督とし、岡本帰一氏舞台意匠に当り、歌子の歌う『カルメン』の唄は北原白秋氏作中山晋平氏の作曲なるが、既に各地に於て非常の好評を博し居れり。

（「福日」四月十二日）

主な配役は、

▽肉店＝亭主千太（加藤精一）、女房お吉（香川玉枝）、らうや三吉（中井哲）、女髪結おとら（沢宮子）、小僧平吉（辻野良一）

▽カルメン＝カルメン（中山歌子）、ドン・ホセ（森英治郎）、闘牛士ウカス（中井哲）、中尉ツニガ（高山晃）、牧師・兵卒二（野添健）、兵卒一（辻野良一）、ビアンカ（沢宮子）、密売者ダンカイル（加藤精一）、ミカエラ（川田芳子）、ジプシーの踊子（今村静子）

「肉店」「カルメン」共に新聞評も悪くない。「肉店」の方はきれいに忘れたが、「カルメン」の方は割にはっきりと憶えている。勿論オペラの「カルメン」とは違うだろうが、芝居としては結構面白かった。前の「生ける屍」のようなメロドラマ的な感動はなかったが、煙草工場、ジプシーの住む山塞の場、闘牛場と、珍しい世界を覗く興味も手伝って、子どもでも終始飽きることはない。意外に印象深いのは山塞の場、加藤精一の首領ダンカイルに率いられる密輸団の荒々しい出入り、トランプ占いをするジプシーの女等、何か不気味なものものしい舞台の雰囲気が、なかなかの迫力である。この場にホセを尋ねて来る可憐な娘、許婚者《いいなずけ》ミカエラになったのは、後年蒲田のスターとして売り出した川田芳子であった。

煙草工場の女たちが歌う「煙草プカプカキスしていれば、花のパイプに火がついた。煙よ煙よ、ただ煙、一切合財《いっさいがっさい》みな煙」という歌は、調子がよくて覚え易いのでただちに流行歌になり、わたしたちもすぐ覚えた。

カルメンに誘惑される森英治郎のホセは、子どもの我々にはじれったい役柄だが、それでもそれまで見馴れたありきたりの二枚目とは違う目新しさが感じられた。

中山歌子のカルメンの、その演技のよしあしなど無論わかる訳はないが、前に見た「生ける屍」の松井須磨子よりハイカラな（より西洋臭い？）印象は受けた。闘牛場で歌う「恋の歌」は、さすが元歌劇部で、歌唱力があるだけに場内をしんとさせていたようだが、「カチューシャの唄」や「さすらいの唄」のような大流行にはならなかった。「捕らよしとすればその手から、小鳥は空へ飛んで行く。泣いても泣いても泣ききれぬ。かわいいかわいい恋の鳥」と歌の文句もちょっと気取っているが、劇中歌という気分より、独唱の感じが強かったようだ。これも後年、オペラで見た時、同じ場で歌うオペラの「恋の歌」を聞いて、そのイメージのあまり違うことに、アイーダの時と同じく、ひとり苦笑させられたものだが、その一方、しかし芝居としての「カルメン」の世界は、素朴ながらも全幕を通じてよく描かれていたのではないかと、改めて懐かしく思い出された。

ホセの森英治郎は、その後いろいろの劇団に加わってたびたび来演、博多になじみの俳優の一人になった。加藤精一も次の年にはまた東儀鉄笛の新文芸協会に加わって来演することになる。両者とも文芸協会の演劇研究所の第一期生だが、協会解散後、山田隆弥等と舞台協会を作っていたのが、今度の新芸術座の旗上げに誘われて臨時に加入したものである。

中井哲は一番なじみ深く、博多へは今度で三度目の来演になる。第一回目は芸術座初の九州入りに参加して、二回目も同じく芸術座で、「生ける屍」の須磨子の相手役、フェージャの大役を務めた。今度の闘牛士ルウカスでは、「中井の闘牛士ルウカスは、芸人らしい驕慢な態度や、花やかに気飾った衣装などが、如何にもカルメンの気に入りそうな風采」という新聞評を得た。

新芸術座はその後、東北・北海道の巡業にも出たが、脱退者も出てきて、この年の暮れには解散してしまった。

不入りの芝居　井上・木下の「路傍の花」（大正八年）

戦争景気のおかげで、地廻りの小芝居でも結構なお客を呼んで、未曽有の盛況を見せていた時代だが、それでもやはり不入りの芝居というものはあるもので、その不入りの芝居として忘れがたく印象に残っているものに、大正八（一九一九）年三月（十八日から七日間）来演の井上正夫・木下吉之助の新派がある。

その日は平場がガランと空いて、お客は前の方にパラッと坐っているだけなので、わたしもいつもの貴賓室ではなく、平場の真中に一人でちょこんと坐っていた。

舞台は二の替りの「路傍の花」、お座敷のような場面で、下手に大きなほんものの箪笥《たんす》が飾られている。いろいろいきさつがあって皆が退場したとの後へ、あわただしく帰って来た束髪姿の若い娘（木下吉之助）が、せきこんだ様子で、その箪笥を開け、大きな畳紙《たとうがみ》を次々ととり出して行く。とり出してもとり出しても、畳紙はみな空《から》で、着物は一枚も入っていない。その畳紙のバサバサ、バサバサバサという音が、入りの少ない客席に妙に大仰に響いて行く。悲痛な顔で立ちつくす娘、この時木下は眼を病んでいて白い眼帯（注1）をかけていたので、一層わびしい感じがした。

舞台も客席もしーんとして、何だか面白くないので本家に戻ると、いつもは陽気な上り口の大火鉢の周りも、客が来ないので活気が無く、手持ち無沙汰なお茶子さんたちが何とも所在なさそうに煙草をふかしているばかり……あのバサバサという音と共に忘れられない不入りの芝居の風景である。その後不入りの芝居にも幾度となく出会ったが、なぜかこの風景が一番心に残っている。

この時の出しものは、

○「女の生命」（菊池幽芳原作・亭々生脚色）

「戦塵」……初日は幕にならず二日目から上演されている。

○二の替り

「路傍の花」（徳田秋声原作・亭々生脚色）　※亭々生は真山青果のペンネーム

「地獄経の由来」（久米正雄作）

一座の主な顔触れは、深沢恒造・木村操・武田正憲・藤村秀夫・小林利之・松永猛ら。

「女の生命」はこの年の正月、伊井・河合・喜多村三頭目の顔合せで、東京「新富座」で上演され、妖艶な河合の伯爵夫人蒼生子《たみこ》と対照的な喜多村の倭文子《しづこ》、伊井の蒼生子の元恋人青山で好評を博したもの。華やかで前受けのする芝居だから、お目見得狂言として取り上げられたのであろうが、この狂言立てが、一つは不入りの原因になったのではあるまいか。(注2)

二の替りの「路傍の花」と「地蔵経の由来」は、この一座が二月の東京「明治座」で上演して話題になったばかりのもの。芝居は不入りでも新聞評は「女の生命」も二の替りもどちらも懇切に取り上げているが、その中に次のような一節がある。

……博多九州劇場の井上・木下新演劇は廿二日、二の替《かはり》『路傍の花』と『地蔵経由来』を出した。前の狂言がパッとして花やかな代り散漫であるのに比すれば、今度はシンミリと引緊《ひきしま》って、新派の出しものとして、稀《めず》らしく人間味が溢れて居るので、欲をいへば今度の一座の看板にした方が寧《むし》ろ賢明な興行法で、夫《そ》れを二の替《かわり》に廻した事には見物も解し兼ねて居る。快感本位の劇を求むる人には詐欺や株券偽造や其他の悪徳取材した筋はテンから問題にせぬ向きもあろうが、人間味の豊富な善悪の判断の根底を披瀝した劇は、人生の其物の縮図としてソコに大なる人生の皮肉や諷刺を示して面白い……（秋楼）

（「福日」三月二十四日）

二の替り二つの狂言が二月の明治座で上演されるについては演劇協会の支援があったというが、この演劇協会というのは、大正四年九月以来、新派の本流から脱けて連鎖劇で活躍していた井上正夫が、大正七年十一月久々に新富座に出演して新派復帰となった時に結成されたもので、協会員は久米正雄・田中純・灰野庄平・結城礼一郎・長田幹彦・田中良・仲木貞一・鈴木泉三郎に井上正夫ら十四人。資金的な援助は松竹の大谷がみることになっていたという（『日本現代演劇史』による）。会の目的は、洋の東西・時代の新旧を問わずにいい芝居を上演しようということや、演劇書の図書館建設などが上げられていたというが、おそらく沈滞した新派の活路を拓いて新しい劇団を育てようという松竹の意図が働いていたものと思われる。

木下吉之助が博多に来たのはこれが初めてではない。大正二年五月、「博多座」に来演した伊井蓉峰《ようほう》一座の中にその名が見える。しかし、立女形格で来演したのは今度が初めてであろう。「濃艶牡丹の如き裡に、猶秋の淋しさを含める役」と評者（秋楼）の言う「女の生命」の蒼生子の役には不向きだが、「其内面の力は案外気持ちよく切迫したり、殊に毒を呑んでからの悔悟の如き、木下に相応はしかりし……」と認められている、地味だが巧みのある芸風が「路傍の花」の雪野ではよく発揮されたようである。

この芝居ではもう一人、深沢恒造の板倉という役が印象に残っている。もっともそれは子役がらみのせいかも知れない。この板倉には女の子が一人いて、母のいないその子のために、その子の慕う雪野を後妻に迎えたいと思っている。しかしまだ言い出せないでいるうちに、子どもの方が雪野に対してお母さんと呼びかけてくる。驚いている雪野の様子に、子どもは父に向かって「まだお母さんと言ってはいけないの」と問いかける。返事に困って大きな体でまごつくところなどに好もしい人柄があらわれて、雪野が好きな人をあきらめて後妻になろうと決心することに、子どもながらに無理なくうなずけるというような、そんな雰囲気があった。どういう訳か、わたしはこの板倉という人を軍人だったように憶えていたが、配役を見ると軍人ではなくて社長である。全体の筋はよくわからなかった。
井上正夫も初の来演ではない。ずっと後、大正十五年一月、水谷八重子と一座して久しぶりの博多入りをした時、本人の談話というのが新聞に出たが、それによると、「福岡は私には随分思ひ出の多い土地です。未だ私が草履取り時代に、博多の教楽社で敷島義団が新派劇を興行してゐたのを観に行き、坂井先生（酒井の誤り）の芸にすっかり感激させられて即日入門させて貰った訳でした」（「福日」一月十九日、夕刊）と語っている。（注3）
なお、『日本現代演劇史』によれば井上は熱海孤舟の門下となっている。明治三十五（一九〇二）年、京都に演劇改良会の運動が起こり、九月には「南座」で第一回公演を、十一月には「夷谷座」で第二回公演を行なった。一座は村田正雄・木村武夫・熱海孤舟など諸方から狩り集められたが、その第二回公演の、タルチュフの翻案「偽紫」で「熱海の弟子の井上正夫が大塩格之助を熱演し、一部に記憶された。のちに井上はいわゆる新派に飽き足らず、さまざまな新機軸を打出していくが、その芽はこの会での体験にあったのかもしれない」と書かれている。
熱海孤舟も酒井政俊も地方廻りの新演劇として博多にも度々来ているので、井上もその後来演の機会があったかも知れないが、座頭級としての来演はこの九州劇場の芝居が初めてであろう。新派の中での異色の個性や、独自の活動は、博多の好劇家もよく知っていて、今度の来演にもおそらくそういう舞台を期待していたものと思われるが、「女の生命」では在来の新派型で、井上らしさを見せる場も無く、物足りなかったようで、二の替りの新聞評には次のようにも書かれている（「女の生命」の伊井の役の青山は藤村秀夫が演じ、井上は重要な役だが脇である友人栗原を演じている）。

井上の邦介は立役として言ひ分のない迄活動して、頗る着実な芸風を見せるし、殊に二役の小野老人が、微細な点に充分の眼を付けて、全く其人になって了って居る処に、井上でなければならぬ味ひ《あじあ》が満ち満ちて居る。井上が之程活動する芝居を初日に出さなかった事が四幕目一場見ても不審が起る。

（「福日」三月二十四日）

木下の雪野についても「木下の雪野は、三幕目で御婚礼の晴衣装姿は少々芝居過ぎるが、大詰の場で板倉の妻として飽く迄健闘を誓ふ強い決心は、女性に対する尊敬を感じられる」と好評であるが、わたしにはやはり難しいことはわからなかったと見えて、井上の二役も、小野老人の方は全く記憶に残っていないし、木下の方も大詰の方は全く憶えていなくて、角かくしの花嫁姿で人力車に乗って出る第三場の方が妙にはっきりしている。井上の印象も白衣を着た医学士の姿とか、後の新派でよく見た美女の相手になる男役とちょっと違った持味が、「路傍の花」という題名と共に忘れがたく心に残った。

他の役々についても「深沢の板倉の大まかな処が、何等無理ではなかったのも成功の一つで、其他藤村の梅本や小林の探偵其他の端役等も漏れなき注意の跡が見え、武田の関本なども軽俳でありそうで、引緊《ひきしま》った努力が伺われた」と好評だし、新派としては異質な芝居、久米正雄の「地蔵経由来」も、好意を以て迎えられている。興行としては不入りでも芝居としては十分に認められ、その将来にもかなり期待が寄せられたようであるが、残念ながら井上正夫は翌大正九年には再び新派を離れて、新しく台頭して来た映画の世界へ行ってしまうことになり、博多来演はまたしばらく途絶える。

次の来演は前述の大正十五年一月、大博劇場、水谷八重子初の博多入りに一座して、ということになる。

（注1）木下吉之助の眼帯については、ひょっとしたら記憶違いではないかという危惧があったが、『日本現代演劇史』の井上一座のその後の記事に、花柳章太郎の「がくや絣」から引用した次のことがあるのを見つけた。眼帯はやはりほんとうだった。

……井上一座には、私と村田式部の二人が移った。二人とも真山青果先生に引立てられた役者だった。（大正八年九月）ちょうどこのとき井上一座では木下吉之助が眼をわずらい、木村操さんが夏休養することになったので、この二人が伊井・喜多村・河合一座から移ることになったのだ。

（注2）井上・木下一座は九州入りの前、三月一日から七日間、名古屋「御園座」で開演しているが、出しものは「女の生命」。『御園座七十年史』には「この興行もまた、非常な盛況を

もって打ち上げた」と記されている。この時井上は松竹専属に復しているので、この巡業も松竹の手によるものだが、やはり安全策をとってこの狂言を選んだのであろうが、名古屋ではそれが成功している（なお名古屋では、青山は松永猛。藤村はまだ参加していない）。

博多来演は三月十八日から七日間だが、博多ではその前に幸四郎、四月には新芸術座は淡海、五月には仁左衛門と大芝居や人気劇団に挟まれたというタイミングの悪さも不入りの原因になったのかも知れない。

（注3）昭和十二年三月、井上演劇道場一周年記念で来演した際、「福日」（三月十九日）に「井上の博多入り記録」として「……はじめて大幹部としてお目見得したのは大正元年で、先代村田正雄や小堀誠と一緒、出しものはベルス・生さぬ仲・潮などで好劇家の人気を沸騰させたが特に翻案劇ベルスは大当りだった……」という記事が出ている。しかしこれは当てにならない。村田正雄は大正元年でなく大正二年の十月に来ているが、この時の顔触れは柴田善太郎・穴戸熊介・中野信近・熊谷喜一郎等。井上も小堀も来ていないし、「ベルス」も上演されていない。

正月興行の東京青年歌舞伎（大正九年）

第一次大戦による世間の好景気も、大正八（一九一九）年にもなると、そろそろ翳《かげ》りが見え始める。福岡の新聞にも「米価の大崩落」とか「景気の先行きを見越して実業界から再び小学教師へ逆戻り」、「活版職工のストライキで全東京の新聞休刊」、「朝鮮半島の不穏の空気」など、不景気の前兆のような記事がチラチラ見られるようになった。

しかし興行界にはまだまだ好況が続き、順調な躍進を続ける松竹はさらに大きな次の飛躍をめざして、この年（大正八年）の三月、白井信太郎・松居松葉・市川猿之助・田中良・山森三九郎ら各部門の精鋭五名を集めて、欧米劇壇の視察に派遣している。福岡でも前々から噂のあった新劇場建設のことが具体化されるようになってきた。そういう状況の中で九州劇場は、一本小屋として最後の最盛期、大正九年を迎えることになるのだが、その新春第一陣を承るのが東京青年歌舞伎であった。

東京青年歌舞伎は、大正七年十一月に来演して好評だった片岡青年劇の片岡当蔵・片岡二郎に松本幸四郎門下の片岡銀杏《ぎんなん》、四代目嵐芳三郎の遺児嵐市太郎、市川鬼丸（後の尾上多賀之丞）の門下市川鬼芳《きよし》が加わった一座で、お目見得狂言に、「だんまり」「義経千本桜（木の実から鮨屋まで)」「大森彦七」「堀川猿廻しの段」を出してなかなかの人気で、新聞にも次のような好意的な紹介がされてる。

……未だ海のものとも山のものとも知れぬながら、茲《ここ》五年十年の後には必ずや天下を驚かす名優を見るは想像に難からず、「義経千本桜」は木の実より鮨屋まで通して殊に鮨屋にては二郎のいがみの権太は幅広く活躍し、鬼芳の弥左衛門は老役確かに、銀杏のお里可憐に、荒玉の弥助又鮮かにして、「大森彦七」は市太郎の千早姫に対し、銀杏の「大森彦七」は師の振りと一糸乱れず何処迄も高麗屋張りなりしは、博多の高麗屋贔屓《びいき》に溜飲下げさせ、次の「堀川」は松島屋の芸風本位なる当蔵の与次郎が手の繊《こま》かな抜目なきせりふは流石《さすが》名優の仕込とあって将来の好望春潮の如く……

(「福日」一月四日)

なお今回は太郎・千代左は来ていないので、伝兵衛は幸次、お俊は鬼美蔵である。

市太郎というのは、後に前進座の幹部となって亡くなった五代目嵐芳三郎のことであるが、その遺著『芳三郎芸話』(新日本出版社、一九八一年)の中にこの巡業のことが詳しく述べられていて面白い。

数えで十三才の暮れだった。青年歌舞伎の一座を組んで九州から中国・四国を巡業してようという興行師があって、私もこれに加わった。九州や北海道へ行くとなると、東京の倍くらいの実入りになった。この旅の私の給金は百円だったたから、子役にすればなかなかの稼ぎといえた。私が一番年少で、最年長はかつて父の弟子だった嵐芳二郎が父の死後鬼丸の門下になった市川鬼芳の二十五・六才、以下、後に水田しげるといって宝塚に行き、坂東しほの養子になって踊りの先生をした片岡藤蔵（当蔵の誤り）の二十三さいぐらい、大松島の演劇教室育ちで達者な役者だった次郎（二郎）も同年ぐらい、私と最も仲が良く、幸四郎の弟子で女形の出で男役もやり、しっかりした芸を持っていた松本銀杏が十九じゃ二十才で、それに私、嵐市太郎を入れた五人が売りものだった……

子役上りのようで若いとは思っていたが、割に背丈もあったたし、大人の役を一応器用にこなしていたので、まさか市太郎が数え年十三歳とは思わなかった。こちらが子どもだったせいか、他の連中も十分達者な一人前の役者に見えた。芝居も結構面白かった。

こうして出しものを並べてみると、「大森彦七」「堀川」「釣女」のほかは、わたしには初めての狂言ばかりだが、筋がわからなくてつまらないということは全く無かった。「千本桜」なら木の実から、「大蔵卿」なら桧垣・曲舞・奥御殿、「二十四孝」なら桔梗ヶ原からという親切な立て方で、さわりの名場面だけを一幕ずつ並べるというのではなかったたし、それに開演時間も、早ければ一時頃から、遅くても三時には始まるというのんびりした時代だから、端場も幕明きもカットすることなく丁寧に見せてくれる。詳しいことはわからなくても、何とか筋を辿ってみる興味も沸く。

「二十四孝」の筍掘りから勘助住家の段切れなど、その後は文楽で見るばかり。歌舞伎ではこの時限り見ることはなかったけれど、勘平のような浅葱《あさぎ》の着付で二枚目仕立の慈悲蔵と、赤面《あかづら》風の無法者の兄横蔵が雪のちらつく竹藪で筍掘りの立ち廻り、その対照的な役柄や、画面の見得の面白さ、そしてその二人が実は上杉・武田に絡む武将であるという何か怪奇な物語めいたストーリー、そんなものが芝居の魅力として深く心に残った。

「野晒《のざらし》悟助」という芝居も、この時きり見たことはないが、単純ながら男達《おとこだて》の出る江戸の二番目狂言の面白さの一つの型を教えてくれたものと言える。お定まりの曲輪《くるわ》のうち、貧しい土器売りの老爺を手込にした敵役が、いばり散らして花道を入ったと思うと、揚幕にさわやかな声があって、その敵役の腕を捻じあげた男達野晒悟助が花道に現われる。悪者をさんざんにこらしめる男達に惚れるのが、土器売りの娘お静と、女中を連れた商家の箱入り娘おだい。二幕目は二人の娘が押しかけ女房にやって来るおかしみで始まる。商家の娘になった市太郎が、そのままほんもののネンネエでかわいらしく、無理に男の家に居坐りながら、供の女中に鼻にかかった甘え声で「お人形を持って来て」と言うのが大受けであった。

その後はこれもお定まりの敵役の仕返し、それに耐えて眉間を割られる一場があって、最後はたしか敵討になるのだが、その後この種の芝居を幾つか見て、この時の芝居が若いながら配役のつり合いがとれて、面白いものになっていたことを改めて感じた。鬼芳の悟助もきっぱりとそれらしく、権太役の二郎がここでは老役の土器売りを達者にしこなし、その父親をせき立てて押しかけて来る娘お静の鬼美蔵が、器量がもう一つで貧相なのが妙に役柄に似合っていて、ちょっと哀れな風情を出していたのが印象に残っている。

市太郎は「二十四孝」では十種香の八重垣姫を務めている。数え年十三歳ではまだ巧かろう筈はないが、いかにも、かわいらしく美しい舞台が、いわばチンコ芝居〔子供芝居〕的魅力で人気を沸かせたようである。踊りはもともと素質のある人で、後に鬼丸について市村座入りしていた頃、六代目にも目をつけられていたというから、この時の大森彦七の千早姫や釣女の醜女など、年の割にはよくやっていたのであろう。劇場の出入りにもまだ子役風の長い袖の着物を着ていたそうだが、とにかく一座の花形であった。

鬼芳の出しものである「東下り忠義焼鏝《やきごて》」というのも珍しい芝居で、鬼芳の堀部安兵衛が東下りの許しを得るために、焼鏝で顔を焼いて相好を変えるという男っぽい芝居で、それまで見馴れた歌舞伎とはちょっと色合いが違っていた。その後「演芸画報」などでも全く見かけない芝居だが、当時「宮戸座」「柳盛座」等々、腕達者が覇を競っていた東京の小芝居の間で演じられていた狂言ではなかったろうか。鬼芳は上方系統の当蔵・二郎とは型の違った立役で、所謂きれいな役者ではなかったが、銀杏と組んでの戻り橋の渡辺綱《わたなべのつな》など、なかなか立派に見えた。「大森彦七」で高麗屋ばりの踊りを見せた銀杏は戻り橋でも大好評、美女が鬼になる……この種の芝居を初めて見るわたしなど、無論夢中で舞台に見入った。

正月興行のせいもあって連日の大入り満員。花柳界方面にも大人気で、芝居の行き帰りに本家の火鉢の周りで芝居話に花を咲かせて行く常連客の賑わいも、まことに懐かしい思い出。その頃こういう若手一座は本家の裏の賄い（宿舎）に泊っていたが、その出入りを狙って近所の中洲の芸者などが集まって来るという、華やかな風景もあったそうである。

この時の人気の余勢を駆って、座組をいろいろ組みかえて青年歌舞伎という一座がその後も二、三度来演するが、来演ごとに人気も落ち新鮮さも無くなっていった。この中で大成したのは後に五代目嵐芳三郎になった市太郎だけで、残念ながら「茲《ここ》五年十年の後には必ずや天下を驚かす名優云々」の期待には応えることができなかった。

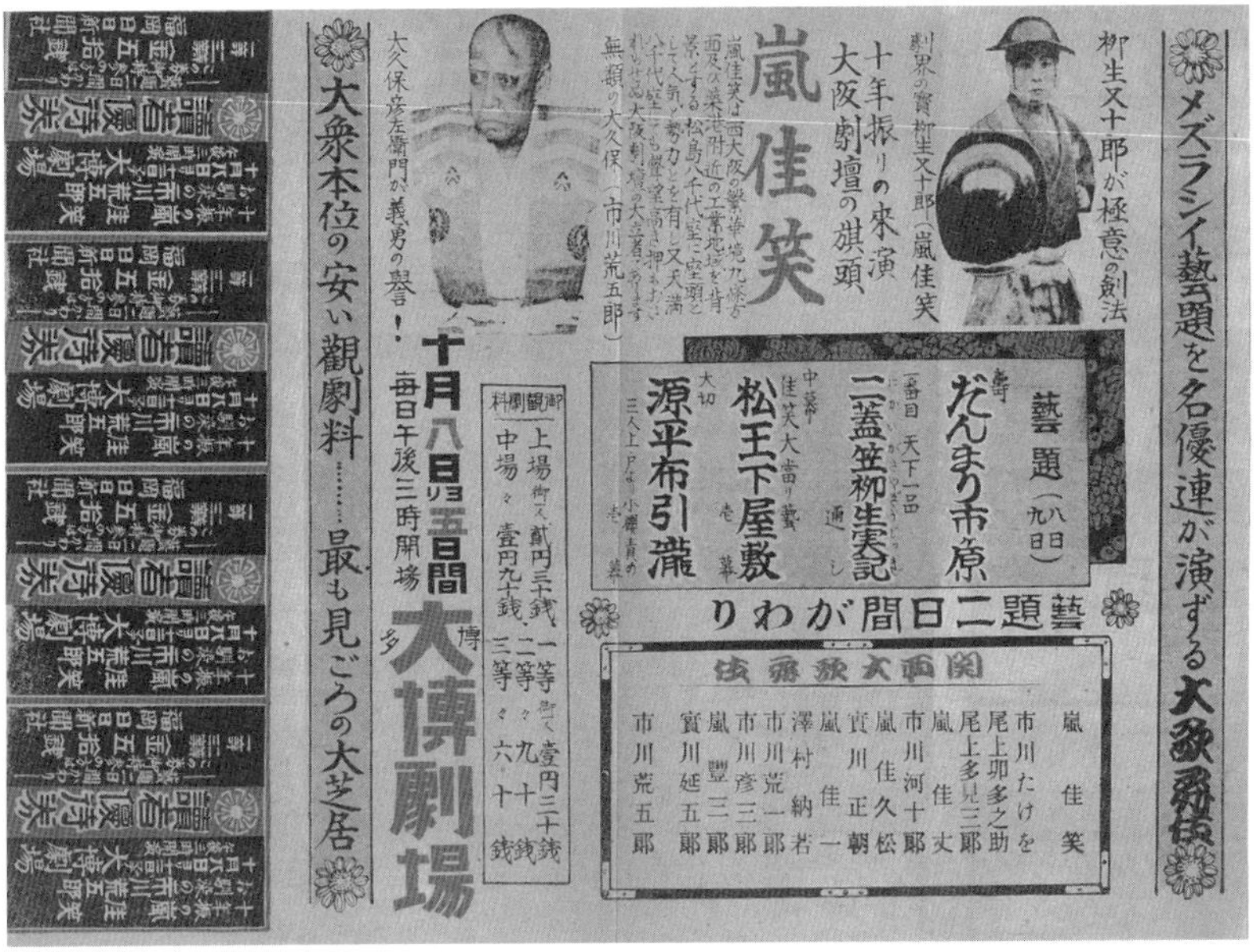

昭和２年10月８日より５日間公演の嵐佳笑の案内チラシ

前進座の次公演の案内はがき。昭和10年10月31日から11月２日までが大博劇場での公演

昭和 13 年 11 月 12 日から 14 日までの「東西大歌舞伎」

関西大歌舞伎の公演案内はがき。昭和 15 年 3 月 1 日から 3 日間、大博劇場での公演

解説

岩井眞實

1　博多の劇場

江戸時代、幕府は歌舞伎などの芝居が行われる所を「悪所」として取り締まった。博多・福岡には常設の劇場はなく、興行の度に届出を出して仮小屋を建てた。終わると取り壊す。興行が許される場所も限られていたようだ。本書第一章に「……芝居その他の興行が許可されたという場所が五ヵ所指定されたことがあった」とあるのは、『博多津要録』（櫛田神社蔵）の元文四（一七三九）年の記事にある「西門口畠際松原」「中津川原」「住吉川原」「小からす馬場尻御堀端」「西松原西光寺近辺」のことである。

そして最初にある「西門口畠際松原」つまり西門橋東詰こそが、代々武田家の地所だった。『博多津要録』の記事はかなり前のものだが、それだけに昔から興行地に指定された、由緒正しい場所だということがわかる。武田家は好む好まざるに関わらず、興行と因縁浅からぬ運命にあったのである。

明治になると興行地の規制は緩み、各地に常設の劇場が建設されるようになる。明治から大正にかけて存在した博多の主な劇場を挙げてみる。○をつけたのが武田家の関わった劇場である。

○西門口教楽社（西門橋東詰）明治九（一八七六）年以前～明治十四（一八八一）年頃

永楽社（東中洲）明治七（一八七四）年～明治三十五（一九〇二）年（明治二十七〈一八九四〉年「栄楽座」と改称）

○教楽社（御供所町）明治十六（一八八三）年～明治四〇（一九〇七）年

○明治座（東中洲）明治三十六（一九〇三）年～大正六（一九一七）年

○寿座（東中洲）明治三十七（一九〇四）年～昭和二十（一九四五）年

博多座（東公園）明治四十三（一九一〇）年～昭和三十八（一九六三）年

光明座（蓮池町〈現・上呉服町〉）大正元（一九一二）年～大正五（一九一六）年

○九州劇場（東中洲）大正元（一九一二）年～昭和十八（一九四三）年

○大博劇場（上東町〈現・上呉服町〉）大正九（一九二〇）年～昭和四十七（一九七二）年

最初の「西門口教楽社」は本書第一章に「橋の向こうの芝居どこのキョウラクシャ」として出てくる劇場である。本書にいうように、御供所町の「教楽社」の前に、西門口に同じ名前の劇場が存在したことを突きとめたのは井上精三だった。その後、福岡市博物館所蔵の番付から明治九年、十年、十一年、十二年、十四年にここで興行のあったことが確認できた。最初は仮小屋で、後には常設の劇場になったと思われる。

その後明治十六（一八八三）年に教楽社は御供所町に移るが、西門橋東詰は、明治三十八（一九〇五）年に武田政子の祖父与吉が興行資金調達のため売却するまで武田家の地所であった。途中、明治二十八（一八九五）年には教楽社と袂を分かち、ここに仮小屋を建てて興行したこともある。

西門口教楽社を始めとして、武田家の関わった劇場は教楽社・明治座・寿座・九州劇場・大博劇場と、実に博多の近代演劇史の歩みと重なってくる。

明治二十年代に「壮士芝居」のちに「新派」と呼ばれる新演劇が興るまで、演劇といえば歌舞伎以外にはなかった。したがってこれらの劇場は主に歌舞伎のために設計されている。一階席は「平場」といい、「升」という区画で仕切られていた。平場は大衆席で、平場の左右にある二層の「桟敷」の方が高級な席なのだが、大阪ではいつの間にか平場がいい席ということになった。体を斜めに構えて舞台を観なければならない桟敷より、一階正面から舞台を観られる平場の方がいいというのは大阪の合理精神である。博多も一部大阪流を採り入れたと思われる。それから正面の二階席は「向こう桟敷」といって、これも「桟敷」にはかわりないが、舞台から最も遠いため格安の席であった。平場・桟敷にかかわらず観客は座布団に座って観劇する。座布団の席を何でも「桟敷」と呼ぶのは現代の相撲に影響されたもので、正しい呼び名ではない。本来客席はみな座布団であって、椅子席の登場は博多では昭和二十一年改装なった大博劇場を待たねばならない。

舞台には場面転換のための「廻り舞台」があり、俳優の登退場のための「花道」が舞台から平場を突っ切って後方に延びている。この二つは世界に類を見ない歌舞伎独特の舞台機構である。幕は左右に開閉する「引き幕」である。上下に開閉する「緞帳《どんちょう》」は古くは一段下級のものとして扱われた。

劇場には「芝居茶屋」というものがあった。大都市では江戸時代以来続いていた制度で、その弊害が指摘されていたがなかなか廃止できなかった。「芝居茶屋」側が既得権益にしがみついたからである。一方九州はというと、直方の日若《ひわか》座に明治三十二（一八九九）年になってできたのが最初である。博多では九州劇場が最初だった。こちらは完全に経営母体が劇場と同じで、「本家茶屋」略して「本家」と呼ばれた。本書にも何度も登場する。

ところで劇場名が「社」「座」「劇場」と変わるのは博多独特の現象である。それぞれの名称が社会の変化とこれにともなう興行の変化を表している。すなわち芝居小屋時代の「社」、日清戦争以後の経済発展を背景に財界が経営に乗り出してくる「座」、松竹傘下の俳優を中心として中央劇団の受け皿となる近代の「劇場」である。

2　興行のしくみ

博多には地元に根をおろして活動する劇団はなく、旅回りの一座が中心であった。プロの興行師といえる存在もほとんどみえない。武田政子の祖父・与吉のような、芝居好きの半玄人が劇場側と京都・大阪の興行師の間をとりもって興行をまとめてきたのである。本書を読むと、与吉をひたすら動かしていたのは、いい芝居がみたい、みせたいという情熱だったことがわかる。与吉が精力的に博多に呼ぼうとしたのは、初代中村鴈治郎はじめ京都・大阪の歌舞伎の大一座である。

一座は現地に着くと、まず町廻りをする。これを「顔見世」ともいう。メディアの発達していなかった時代、町廻りが最も有効な宣伝の手段だった。町廻りのあと新聞社等に挨拶をし、それから劇場に入ってすぐに初日になることも少なくない。この場合、初日は予定の演目を最後まで上演できないので、入場料は半額となる。

明治の中頃までは電気の設備が十分でなかったので、興行は陽の光をたよりに朝から日が暮れるまで行われた。十時間にも及ぶ長丁場である。これをひとつの演目で通すのを「通し」といい、いくつかの演目の人気場面をならべるのを「見取り」という。「よりどりみどり」のみどりである。

京都・大阪のような大都市では、よほど不入りでない限り演目を変えずに一ヶ月、二ヶ月通すのが普通だ。しかし地方巡業の場合、同じ演目ではもたないので二日替わりで演目を替えていく。現地での最初の演目を「初日」、続く演目を「二の替り」という。以下「三の替り」「四の替り」と続いて最後の演目を「千秋楽（お名残）」という。初日は「三番叟」と「だんまり」、千秋楽は「忠臣蔵」の通しと決まっていた。「だんまり」は読んで字のごとし、セリフを言わない劇である。何人かの盗賊が暗闇の中で宝物を奪い合う短い劇で、「だんまり」を見ただけで一座の役者の序列が一目でわかる仕組みになっていた。初日に必ず上演されたゆえんである。

興行期間は博多で約一ヶ月、久留米の規模になると十日ほどで次の興行地に移る。巡業する一座は何種類もの演目を上演する準備をしてやってくる。衣裳は劇団持ちである。俳優が博多に到着しているのに、衣裳が届かないため初日が明かないこともあった。一方、大道具は地元で作られる。それぞれの劇場のサイズがあるからだ。交通手段が発達して東京から歌舞伎の一座が来る明治四十年代まで、興行はこうしたサイクルで動いていた。明治四十年代は松竹が多くの俳優を傘下にする時代でもある。松竹の全国制覇にともなって興行サイクルも大きく変動する。松竹は白井松次郎と大谷竹次郎の双子の兄弟が京都で興した会社で、全国に傘下の俳優を供給するシステムを確立して今日に至っている。本書に描かれているのはその過渡期の状況である。

博多の場合、地元で興行ごとにその資金を集める。いわばスポンサーにあたるのが「請元」

である。各々の興行の責任者を「太夫元《たゆうもと》」という。京都・大阪の太夫元が一連の巡業をすべて把握する場合もあれば、地方で予定外のお呼びがかかった場合、与吉のように自らが太夫元となって九州一円をまわることもある。

他に「仕打《しうち》」という言葉がある。これは京阪で生まれた言葉で、資金を出して興行の責任を全般的に受け持つ者をいった。もともと歌舞伎関係者であった者はまれで、侠客・商人・武家くずれなど興行の素人が興行の実権を握ったケースが多い。博多で仕打というべき人物は山田興行部の山田重助しか確認できない。

興行の仕組みについては、東京や京阪のような大都市でもまだまだわからないことが多い。その意味では、松竹の山森三九郎や、大阪の女興行師・佐々木よねのことなど、本書の記述は貴重である。

3 名優たち

江戸時代から明治二十年代まで、演劇といえば歌舞伎以外にはなかった。他に今日「文楽」と呼ばれる人形浄瑠璃があるが、これは大都市だけのもので、地方都市に来ることはめったにない。ただし、その伴奏である義太夫節は明治末から大正にかけて素人・玄人を問わず全国的に流行する。

先に述べたように、博多を訪れるのは明治四十年代までは京都・大阪の俳優がほとんどである。

その大立者のひとりが初代市川右団次《うだんじ》（一八四三～一九一六）のち初代市川斎入《さいにゅう》だろう。明治の新しい風俗を採り入れたり、宙乗り・早替わり・本水などのケレンを得意とした。博多では西門橋教楽社の時代からお馴染みで、明治四十二（一九〇九）年に斎入と改名してからも来博を果たしている。初代の実子である二代目市川右団次（一八八一～一九三六）も何度か博多を訪れ、父から継承したケレン芸を見せている。

初代右団次の次の世代で、かつ右団次を凌ぐスターに登りつめたのが初代中村鴈治郎（一八六〇～一九三五）である。鴈治郎招聘が、武田与吉が本格的に芝居と関わるきっかけとなった。姿が美しく、上方和事を得意とし、常に新しい工夫を忘れない名優だった。三代目片岡我当《がとう》（一八五八～一九三四）のち十一代目片岡仁左衛門は鴈治郎のライバルである。武田与吉が我当を呼んだため明治座で大損をした話は本書にも出て来る。

一方、明治を代表する東京の歌舞伎俳優といえば「団菊左」と並び称された九代目市川団十郎（一八三八～一九〇三）、五代目尾上菊五郎（一八四四～一九〇三）、初代市川左団次（一八四二～一九〇四）だが、博多の地は踏んでいない。公通手段が発達していなかったためであろう。明治四十（一九〇七）年になって初めて、五代目菊五郎の実子で九代目団十郎の薫陶も受けた六代目菊五郎（一八八五～一九四九）が、十五代目市村羽左衛門（一八七四～一九四五）、六代目尾上梅幸（一八七〇～一九三四）らとともに博多の舞台を踏んでいる。また六代目菊五郎と後に「菊吉」と並び称されるライバルの初代中村吉右衛門（一八八六〜一九五四）も数回来博した。他に七代目松本幸四郎（一八七〇〜一九四九）が博多ではおなじみの俳優として有名だ。

歌舞伎以外の演劇についても触れておこう。先に述べたように、歌舞伎出身者以外による演劇を「新派」という。「新派」の名称が定着するのは大正以降なので、本書では「改良芝居」「壮士芝居」などと称されている。その代表格は博多出身の川上音二郎（一八六四〜一九一一）である。川上は寄席芸人時代に二度、「壮士芝居」を始めてから四度、博多を訪れている。川上夫人が日本最初の本格的女優・川上貞奴（一八七一〜一九四六）である。川上の死後も女優として活動を続けた。

川上音二郎は実質的な新派の祖といえるが、次々と新しいアイデアを採り入れたため演技のスタイルは定着しなかった。歌舞伎の演技様式を真似つつ近代日本を表現するという、純粋な「新派」を確立してゆくのは川上の後輩たちである。博多に来演した俳優としては伊井蓉峰《いいようほう》（一八七一〜一九三二）・喜多村緑郎《きたむらろくろう》（一八七一〜一九六一）・河合武雄（一八七七〜一九四二）らが代表格である。

新派とは別に、西洋の戯曲を日本に紹介することから始まったジャンルに「新劇」がある。新劇の流れは、小山内薫が始めた「自由劇場」と坪内逍遙が始めた「文芸協会」の二派に大きく分かれる。前者の代表が二代目市川左団次（一八八〇〜一九四〇）、後者の代表が松井須磨子

（一八八六〜一九一九）である。左団次は歌舞伎俳優だが、新劇の黎明期を支え、また「新歌舞伎」という新しい歌舞伎のジャンルを確立した。松井須磨子は劇中歌「カチューシャの唄」が日本歌謡史に残るヒットとなるなど、女優として人気を博したが、愛人でもあった演出家・島村抱月《ほうげつ》の急死のあとを追って自殺してしまう。本書第三章で紹介された、九州劇場での公演は死の前年のことであった。

刊行によせて

武田与一

我が家は、江戸時代末に分家独立し、博多中小路に住んできました。石堂川東岸に農地を持ち、野菜作りと問屋の兼業でした。また博多の芝居好きの人達と掛小屋（仮小屋）の芝居の公演にも関わって行きました。

『博多風俗史』（井上精三著）や雑誌「うわさ」にも、藩時代に指定の芝居地のひとつ西門口畠際松原での明治十二（一八七九）年の西門芝居公演では、二代目の芋屋與平が太夫元になったらしいと記述されています。

その後は、博多での最初の本格的常設劇場の教楽社から明治座、寿座の開場に関わり、博多での歌舞伎黄金時代の九州劇場、大博劇場の経営にまで関わりました。ことに大博劇場の開場（大正九〈一九二〇〉年十二月）にあたっては、四代目の米吉が代表者となり、戦争では幸い焼け残りましたが、改築問題などで昭和二十一（一九四六）年に手を引くまで経営に携わりました（米吉死後は政子自身も関わった）。

一方演劇界は、明治になり、幕府・藩の芝居興行への制限が緩和され、文明開化の渦の中、西洋演劇の波が押し寄せ、芝居から演劇への新時代の盛り上がりに、歌舞伎も演劇改良運動の大きな渦となっていきました。その中で「散切りもの」「活歴もの」「壮士芝居」「書生芝居」など種々の舞台が演じられ、歌舞伎とともに、後の新派、新劇、新国劇などに再編されていきます。博多出身の川上音二郎も大活躍したのは皆様ご存じのとおりです。

私の伯母武田政子は、川上音二郎の死去の年、九州劇場の開場前年の明治四十四年に生まれました。ちょうど演劇界が大きく動き、西洋の様式を取り入れ、本格的な大型劇場が次々と開場していった時でした。演劇界は躍動感にあふれ、盛り上がっていく時代で、その中で政子は幼少から青春時代を過ごしました。そこで政子が見たり、感じたりしたものを自身のライフワークとして「芝居小屋から」にまとめています。

演劇新時代の息吹の中で、博多でも劇場の計画が次々に出されます。その頓挫や、開場の内幕に見える芝居への博多の人の思い。そして武田家が芝居の深みにはまっていく様、素人商売を次々に変えながらも劇場経営が主業となって、巻き込まれ翻弄される家族の様子。政子自身が物心の付く前から、日々目の当たりにして、染みついていった芝居のこと。東京女子師範時代に、寮の門限を気にしながら熱中した芝居見物の感動（昭和初期）などなど。

劇場経営には、福岡女学院の教師を退職（昭和十三年）し、父・米吉の死後（昭和十七年）

は直接に関わりました。そして松尾国三氏を社長とする新しい株式会社「大博劇場」へ受け渡す幕引きまでを勤めて教師に復職しています。

戦時中は、空襲警報発令のたびに劇場に駆けつけたり、焼夷弾に備えて天井板を外したり、雨漏りの処置をしたとの話も聞いています。また六代目菊五郎の公演中に空襲警報が発令されたこともありました。

芝居への思い入れは、岡本綺堂主宰の「舞台」の誌友としての投稿から、脚本を書くまでになり、「人形綺談」（昭和十三年十一月号）が掲載されました。また国民演劇公募脚本へ応募した「筑紫合戦」は大日本芸能会賞・情報局賞（昭和十九年）を受賞しています。

教師復職後は、教鞭をとりながら、教え子達の授業料確保にも奔走するなどの中でもラジオドラマの脚本（未完）を残しています。

その後も芝居への熱情は燃え続け、夏休みには毎年のように上京するなど、県立図書館、松竹や御園座の図書館、国立劇場の資料室などで博多の芝居の資料を収集しました。また観劇対象も歌舞伎・新派・新国劇・新劇・新喜劇に留まらず、アングラまでと芝居全体にわたっていました。

上京の折りには、当時のわが家（東京・日野市）にも泊まり、暑い中で調査と観劇に連日の都心通いでした。

それらの書籍や雑誌などは、政子没後には市総合図書館へ武田政子資料として寄贈しています。また本書編者の岩井先生、狩野先生のお力で、武田政子共著での「博多興行史　明治篇」として歌舞伎学会の「歌舞伎　研究と批評」に十回にわたり掲載されました。

博多の芝居が熱く動いた躍動の時代と、その中で幼少時から見聞きし染みついた芝居から最後まで離れることなく突き抜けていった、博多育ちの女〝のぼせもん〟を生み出した時代の風を感じていただければ幸いです。

平成三十年四月十五日

編者あとがき

岩井眞實

武田政子氏は長年福岡女学院中学校・高等学校で教鞭をとられた。福岡女学院大学に奉職していた私からみて、研究上も職業上も大先輩にあたる。

ただし武田氏との出会いは福岡女学院の縁によるものではない。具体的ないきさつについては「編者序文」にあるとおりで、私は出会って初めて「大先輩」であることに気づいたのである。しかしそのことよりも、出合い頭から武田氏の見識の高さに驚いたことを強く記憶している。その人柄は、真綿のような慈愛と鉄のような矜持が同居しているといった風で、こちらも鎧を着て懐に飛び込む構えであった。

私は博多の興行史について、いくつかの論文や雑文を書いたが、それらはみな武田氏の学恩のおかげである。平成十一（一九九九）年、『博多座開場記念誌』に「ものがたり博多演劇史」を書いたとき、私は最後に次のように記した。

実はこの「ものがたり博多演劇史」を書くべき人は他にいる。その人の名は武田政子さん。（略）今は健康上の理由で執筆を休止しておられるが、近い将来、武田さんの筆になる本当の「ものがたり」が編まれることを願っている。

するとこれを読んだ病床の武田氏から、「あとは万事おまかせします」という葉書が届いた。うれしくももったいなく、またつらい言葉として私の心に刻まれている。

研究というものは、研究対象と間近に接していればうまくいくものではない。むしろ対象と一定の距離を保ち、対象におぼれないことが研究の必要条件だろう。しかし演劇・芸能が生きものである限り、対象を実際に観るか観ないかという違いは大きい。実際の舞台に熱狂しつつ、一歩離れたところから覚めた目で見ることができれば、それが演劇・芸能研究における最高の態度だろう。そして武田氏はそれができる希有な人であった。武田氏は時代の証人であるばかりでなく、一級の研究者でもあったのだ。自分が後輩として十分な仕事ができるかどうか、はなはだ心許ない。せめてもの恩返しは、武田氏の「本当の『ものがたり』」を残すことである。そう思いたってから十年以上が経った。

本書は、武田氏の遺された演劇・芸能研究の一部に過ぎないが、その内容は圧倒的である。

この「芝居どこ」での芝居の記憶の始まりは、「改良芝居」ということばとピストルの音。

まずこの第一章の一文に打ちのめされる。中央では新派が香り高い文芸作品を上演して隆盛に向かっていたころ、博多ではピストルの音が鳴っていた。しかも「新派」ではなく「改良芝居」である。ともすれば、私たちは後世に名を残したものばかりをありがたがる。しかし、実は歴史の表舞台から消えていった、ピストルをパンパンと打ち鳴らすような通俗的B級作品こそが時代なのだ。そしてその空気は実際にその場にいた者でなければわからない。

その点で、第一章は演劇・芸能関係者はもちろん、興味のない人にも、武田与吉（武田氏の祖父）一代記として、博多町人の家族史として、あるいは博多風俗史として、つまりは時代の空気を映した読み物として味わえる上質の一編である。

かたや第二章は、博多興行裏面史といった趣を持っている。歌舞伎学会の「歌舞伎　研究と批評」に「博多興行史　明治篇」を連載した際も、第二章のもとになったノートをしばしば参照した。新聞記事などの表面的情報からは解けない謎の答えが、そこには記されていたからである。

博多の興行史は、劇場史であるといってよい。明治三十年代までの教楽社・永楽社（のち栄楽座）、大正初期までの明治座・寿座、大正以降の九州劇場・大博劇場と、劇場は代替わりする。すなわち「社」の時代から「座」の時代を経て「劇場」の時代に至るのが、名称上は博多特有の現象なのだが、その歩みはおおむね近代日本のそれと同期している。しかし極めて人間くさいレベルで、博多の劇場史に見え隠れする武田一族がその鍵を握っていたということは、第二章を読まねばわからないだろう。歴史は、熟れた果実が落ちるようなきれいごとでは動いてくれないのだから。

さて、第三章はまさに武田氏による時代の証言である。

本書に掲載したのは大正五（一九一六）年から十一（一九二二）年頃までの観劇記録だが、実は武田氏の筆はその前後に及んでいる。「原稿」として完成していなかったために、やむなく割愛せざるを得なかったのだ。パッチワークをしてまで「武田政子」の文章を載せることは武田氏の矜持にそぐわないと私たちは判断した。したがって部分的な掲載になったが、内容は十分すぎるほどだと考えている。

第三章には、B級どころか超A級の人々も登場する。

たとえば七代目松本幸四郎は「そのまま羽子板の押絵になりそうな抜群の役者ぶり」、川上貞奴は「可憐な美女のアイーダ」、奇術の松旭祭天勝は「新派の河合武雄を女にしたようなはでな美貌」、一方松井須磨子は「どちらかといえば背の低い、まるっこい体つき」である。十歳にも満たない少女の、先入観なしの印象だけに、却って真実味が感じられる。

嵐巌笑という役者に関する評価が面白い。

〔巌笑の伊左衛門や忠兵衛が〕もはや二流の銘柄に落ちてしまったのは、巌笑がいつまでもこういう腕に覚えの歌舞伎技法の中にだけ、停滞していたからではないだろうか。

巖笑は、一時は初代中村鴈治郎を凌ぐとさえいわれた人気役者だったが、次第に失速して鴈治郎との優劣ははっきりついてしまっていた。一因は古風な芸にあったという。武田氏の巖笑評には、こうした後世の評価も併せて見積もられているに違いない。しかし、実際に少女の眼に映った巖笑の落日は、百科事典的な知識を凌駕して私たちの目の前に迫ってくるではないか。その場にいた者でなければわからないというのはこのことである。

武田政子という人の特徴は、まず記憶力の良さである。ただし記憶だけに頼らず、必ず新聞記事などで裏を取る姿勢を崩されなかった。今回掲載することはできなかったが、ノートには細々した注記や新聞記事の切り貼りが随所に見られる。ときにはそれをコピーしてまた書き込むという念の入れようであった。けっして感覚だけの人ではない。

次に批評眼の鋭さである。そしてその批評眼は、演劇・芸能は生きものだという見識に裏打ちされていた。たとえば歌舞伎を文化財としてたてまつるのではなく、逆に古典に落ちぶれない歌舞伎を大事にしておられた。新劇でも新派でもにわかでも、生きものとして同じ地平でみておられた。

文章も上手い。読めばわかることだし、私が言うのも僭越に過ぎるが、何年もノートに接してきた者の実感として記しておきたい。

武田氏の上質な文章を、うまく編集できたかどうか、いまもって心は揺れている。この上は、武田氏の巨大な業績を少しでも先に進めるのが後進の役目であろう。肝に銘じておきたい。

本書をなすにあたっては、武田氏の甥にあたる武田与一・弘美夫妻、姪にあたる露木紀子氏に多大な協力を賜った。遅々として進まぬ原稿をねばり強く待ってくださり、ときに激励してくださった海鳥社の西俊明会長はじめ編集部の皆様にも感謝申し上げる。ありがとうございました。

平成三十年三月二十日

武田政子（たけだ・まさこ）　明治44（1911）年５月10日、福岡市に生まれる。昭和３（1928）年３月、福岡高等女学校卒業。昭和７（1932）年３月、東京女子師範学校卒業。昭和７（1932）年９月、福岡女学院に教諭として着任。昭和13（1938）年３月、退職し、大博劇場の経営を担う。昭和21（1946）年６月、福岡女学院に復職。昭和47（1972）年３月退職。平成15（2003）年12月10日、92歳で亡くなる。

編者
狩野啓子（かの・けいこ）　昭和22（1947）年、大分県生まれ。九州大学大学院文学研究科（国語学国文学専攻）修士課程修了。筑紫女学園短期大学を経て、現在、久留米大学文学部特任教授、久留米大学名誉教授。専門は日本近代文学・比較文学。主な著作に『石川淳研究』（共著、弥生書房）『短編女性文学　近代』（共著、おうふう）、『西日本女性文学案内』（監修、花書院）などがある。

岩井眞實（いわい・まさみ）　昭和34（1959）年、奈良県生まれ。早稲田大学大学院文学研究科博士課程（芸術学・演劇）修了。福岡女学院大学教授を経て、現在、名城大学教授。専門は演劇学・近世文学。主な著作に「身体への視点」（『岩波講座　歌舞伎・文楽』）、「博多興行史　明治篇（一）～（十）」（「歌舞伎　研究と批評」武田政子、狩野啓子との共同執筆）、翻訳に『クローサー』『ハワード・キャッツ』『ディーラーズ・チョイス』（いずれも海鳥社）などがある。

芝居小屋《しばいごや》から

武田政子《たけだまさこ》の博多演劇史《はかたえんげきし》

■

2018年6月20日発行

■

著　者　武田政子

編者　狩野啓子　岩井眞實

発　行　有限会社海鳥社

発行人　杉本雅子

〒812-0023　福岡市博多区奈良屋町13番4号

電話092（272）0120　FAX092（272）0121

http://www.kaichosha-f.co.jp

印刷・製本　九州コンピュータ印刷

ISBN978-4-86656-028-1

［定価は表紙カバーに表示］